我国普通高校高水平运动队绩效评价研究

马兆明　著

北京体育大学出版社

策划编辑：李志诚　潘　帅
责任编辑：吴光远　李志诚
责任校对：仝杨杨
版式设计：小　小

图书在版编目（CIP）数据

我国普通高校高水平运动队绩效评价研究/马兆明著. --北京：北京体育大学出版社，2018. 12
ISBN 978-7-5644-3102-0

Ⅰ. ①我… Ⅱ. ①马… Ⅲ. ①高等学校－运动队－评价－研究－中国 Ⅳ. ①G808. 192

中国版本图书馆 CIP 数据核字（2018）第 298478 号

我国普通高校高水平运动队绩效评价研究
WOGUO PUTONG GAOXIAO GAOSHUIPING YUNDONGDUI JIXIAO PINGJIA YANJIU
马兆明　著

出版发行：北京体育大学出版社
地　　址：北京市海淀区农大南路 1 号院 2 号楼 4 层办公 B－421
邮　　编：100084
网　　址：http：//cbs. bsu. edu. cn
发 行 部：010－62989320
邮 购 部：北京体育大学出版社读者服务部 010－62989432
印　　刷：北京虎彩文化传播有限公司
开　　本：710mm×1000mm　1/16
成品尺寸：157mm×235mm
印　　张：13. 25
字　　数：222 千字
版　　次：2018 年 12 月第 1 版
印　　次：2018 年 12 月第 1 次印刷
定　　价：49. 00 元

前 言

我国普通高校高水平运动队，是国家优秀运动员培养模式由举国体制的“三级网络”模式向竞技体育“院校化”模式过渡的产物。竞技体育事业的发展对于增强国家的凝聚力、提高民族自尊心和自信心都具有不可估量的价值。在某种程度上，它是一个国家政治、经济、文化、科技等综合国力的直接体现，这一点已被世界各国所认可。为了发展竞技体育事业，我国于 1995 年制定了《奥运争光计划纲要（1994 年—2000 年）》，并将竞技体育事业发展提高到国家重要议事日程。竞技体育事业的发展，归根结底取决于所培养的优秀运动员的数量和质量。众所周知，优秀运动员的培养是一项复杂的系统工程，其不仅受制于运动员、教练员、管理人员以及场馆设施等物质条件的发展水平，还受到一个国家或地区的政治、经济、文化、教育政策和社会需求等因素的制约。这些因素相互作用，共同影响着优秀运动员的培养。

随着我国社会由计划经济向市场经济的有效转型和经济形态的转轨，举国体制下“三级网络”模式在优秀运动员培养实践中表现出诸多弊端，如运动员科学文化素质较低、退役就业渠道受阻等，这些问题严重制约着国家竞技体育事业的发展。为解决以上两个问题，原国家教委和国家体委于 1987 年提出在我国普通高校创办高水平运动队。起初，国家创办高水平运动队的初衷有两个，即为退役运动员提供继续学习和深造的机会和培养具有较高文化素质的优秀运动员。截至 2014 年，我国已有 275 所普通高校进行 28 个大项目的高水平运动员的招收和培养。

然而，通过对普通高校高水平运动队绩效现状调查发现，当前我国普通高校高水平运动队未能真正成为国家竞技体育事业发展的主力军。为探寻造成这种现状的原因，本研究采用文献研究法、问卷调查法、层次分析法、数理统计法、案例分析法等方法，以国家创办普通高校高水平运动队的两个初衷为视角，对我国 7 个行政区域 15 个省（区、市）的 30 所普通高校高水平运动队的 4 个基本构成要素，即运动员、教练员、管理人员和物质条件进行了相关绩效评价指标的现状调查，并对所收集相关信息进行处理分析，探索存在问题的根源，以期为我国普通高校高水平运动员培养实践提供相应的绩效改进思路、实施方案、策略。

全书共分五章。

第一章，我国普通高校高水平运动队绩效评价的理论基础。针对选题，本研究以系统科学为指导，结合国内外有关“普通高校高水平运动队绩效研究”“普通高校高水平运动队绩效评价研究”“普通高校高水平运动队评价指标体系研究”3 个方面已有文献，首先，厘清了普通高校高水平运动员培养系统的构成要素，主要包括运动员、教练员、管理人员、物质条件，并探讨了各要素间的关系。其次，构建普通高校高水平运动员培养系统模型。最后，结合高水平运动员培养系统模型的特点，提出高水平运动队绩效评价遵循的原则，基于此，研究应用了 Matlab 数理统计分析软件对其进行评价分析。这部分是本研究的理论基础，为全书提供了思路框架。

第二章，我国普通高校高水平运动队历史沿革、现状及国外经验借鉴。研究首先通过大量的文献调研发现，我国普通高校高水平运动队的发展历程基本包括尝试提出阶段、完善规范阶段和新的探索阶段。其次，为了解现状，本研究选择了全国范围内 30 支高水平运动队，主要针对规模层次、建设特点、运行模式、运动员现状、教练员现状、管理现状和物质条件等方面进行了现状调查。经分析发现，当前普通高校高水平运动队仍存在项目设置较全、分布比例不均，运动员学训矛盾问题依然突出，教练员知识结构有待完善等制约高水平运动队可持续发展的瓶颈问题，这些问题严重地影响了我国普通高校高水平运动队办队绩效。

第三章，我国普通高校高水平运动队绩效评价指标体系构建。首先，结合国家 2005 年和 2010 年评价指标体系遴选出绩效评价指标，初步构建出高水平运动队绩效评价指标体系模型。通过对该模型的要素及其相互关系进行分析，得到绩效评价指标体系的雏形。其次，为了确保研究的科学性、客观性和研究信度，对该构建的初评价指标群进行德尔菲法筛选，获得最终的普通高校高水平运动队绩效评价指标体系。

第四章，我国普通高校高水平运动队绩效评价实证分析。本研究以筛选出的重要绩效指标为依据，对 30 支运动队进行问卷调查。研究发现：①高水平运动员的比赛成绩取决于运动员的来源途径、竞赛管理和训练效果；②竞赛管理是制约普通高校高水平运动队发展的又一重要因素；③训练效果的好坏直接影响着运动成绩的提高与否；④场馆器材等基础条件建设对高水平运动员成绩和训练效果的影响较小，而运动队的医疗监督对运动队绩效影响较大；⑤运动员竞技水平的主要影响因素为运动员的来源途径、高水平运动队的建设规划、竞赛管理制度的合理性、运动员的训练动机和经费支持程度；⑥高水平运动队的绩效排名与其培养的优秀运动员的竞技能力存在很大关系。

第五章，我国普通高校高水平运动队绩效改进。针对实证研究的结果，为了改进高水平运动队的绩效目标，建议应该：①正确定位高水平运动队目标，合理规划高水平运动队的建设；②修订高水平运动员招收办法，提高运动员的招收级别；③群策群力，激发运动员的训练动机；④改善场馆等条件，增加医疗监督经费支持；⑤提高教练员选聘条件，不断督促教练员专业学习。

本研究将企业中绩效技术的思想和流程引入我国普通高校高水平运动队研究，通过绩效评价，尝试探讨影响高水平运动队建设绩效的根本原因，完善当前大学体育工作，尤其是改变高水平运动队评价体系缺失的现状。这种跨领域的探索对我国竞技体育研究和实践具有重要意义。

目 录

导 论

我国普通高校高水平运动队，是国家优秀运动员培养模式由举国体制的“三级网络”模式向竞技体育“院校化”模式过渡的产物。随着我国社会由计划经济向市场经济的转型，竞技体育人才培养模式由举国体制逐步向“院校化”转变。基于此，原国家教委和国家体委于1987年批准部分普通高等院校（以下简称“普通高校”）在国内试办高水平运动队。起初，国家规定普通高校创办高水平运动队的主要目的有两个：一是培养具有较高科学文化素质的优秀运动员；二是为退役运动员继续深造提供一个良好的平台，从而为将来就业增加筹码，解决退役渠道畅通性问题。

然而，本研究通过回顾我国普通高校高水平运动队创办以来的发展历程发现，其办队效益确实不高。虽说普通高校高水平运动队为国家培养出了“眼镜飞人”胡凯、“秀才枪手”刘天佑等竞技体坛明星，也曾代表国家参加了世界大学生运动赛事，取得了一定的成绩，但其当前培养优秀运动员的数量和质量与国家竞技体育发展需要极不协调，难以担当国家竞技体育事业发展的重任。此问题，近年来引起了国内学者们的持续关注。池建认为“高校办高水平运动队未能培养出优秀运动员”[1]，张浩认为我国普通高校承办高水平运动队20年以来，“高校并没有为国家培养竞技体育人才”[2]，洪俊雄认为“高校高水平运动队名不副实，成了专业运动队退役运动员的‘收容所’”[3]。可见，普通高校高水平运动队办队效益低下，高水平运动员竞技能力业余化已是不

〔1〕 池建. 关于“高校试办高水平运动队政策”的解析［J］. 天津体育学院学报，2003，18（4）：75－77.

〔2〕 张浩. 高校高水平运动队发展路径选择的研究［D］. 北京：北京体育大学，2008：117.

〔3〕 洪俊雄. 对广东省高校高水平运动队建设情况的调查研究［J］. 安徽体育科技，2012，33（6）：78－80.

争的事实。就其原因分析，张浩从目标定位与管理方式方面分析，认为国家教育行政部门对于高水平运动队的期望有些近利化，而体育部门则对高水平运动队的管理起不到实质性的作用，“其结果不仅使高校的办队工作背离了初衷，且对今后的发展方向起到了负面影响”[1]；何志林、董众鸣、龚波从管理部门层次结构和职权划分视角分析，认为当前普通高校高水平运动队效益不佳的原因，主要是国家大学生体育协会与教育管理高水平运动队部门存在职责认识不当问题，最终导致体育单项协会与教育、体育相关部门的“关系不顺”[2]等问题，这制约着普通高校高水平运动队的办队绩效，乃至影响普通高校竞技体育事业的发展。

实践中，仍有学训矛盾、经费支持、教练员执训能力等诸多瓶颈问题，长期以来制约我国普通高校高水平运动队的发展，影响高水平运动队优秀运动员的绩效表现，关系着我国未来竞技体育事业的可持续发展。笔者认为，普通高校高水平运动队办队效果不明显，运动员竞技水平业余化等状况，与监管评价体系的缺失有很大的关系。普通高校高水平运动队创办以来，国家对其建设效益评价仅进行过两次，分别是2005年高水平运动队评估、2010年高水平运动队评估。针对这两次评估工作，周建梅、张志华、卫晓飞等认为“评估的科学性、合理性尚显欠缺”[3]。正如王登峰在全国学校体育发展工作研讨会上指出的，当前，我国学校体育工作被大家忽视，尤其是在体育工作的监督和评价方面显得尤为不足，这是全国范围内普通高校体育教育工作开展极为不足的主要原因，因此，评价及评价体系的缺失是当前全国教育系统体育工作的“硬伤”[4]。方振邦、罗海元认为“绩效管理是人力资源管理体系中一个十分重要的职能模块”[5]。可见对于一个组织来说，绩效管理工作力度不够将会导致其组织绩效表现不佳。进而，“绩效评

---

〔1〕 张浩．高校高水平运动队发展路径选择的研究［D］．北京：北京体育大学，2008：117.

〔2〕 何志林，董众鸣，龚波．新形势下我国高校竞技体育现状及发展策略［J］．上海体育学院学报，2009，33（5）：73－76.

〔3〕 周建梅，张志华，卫晓飞，等．我国普通高校网球项目高水平运动队评估指标体系研究［J］．北京体育大学学报，2013，36（2）：105－109.

〔4〕 全国高等学校体育工作“硬伤”：评价体系缺失［EB/OL］．［2012－12－01］．http：//www. moe. gov. cn/publicfiles/business/htmlfiles/moe/s6615/201207/138896. html.

〔5〕 方振邦，罗海元．战略性绩效管理［M］．3版．北京：中国人民大学出版社，2010.

价是绩效管理的关键环节”，循此推理，绩效评价对于组织绩效表现非常重要。为此，本研究针对我国普通高校高水平运动队绩效现状，基于绩效评价视角探讨此问题显得很有必要。

一、研究缘起及意义

（一）研究缘起

选择本题目作为研究课题，主要基于4个方面的考虑。

1. 我国普通高校高水平运动队的创办是国家竞技体育人才培养模式转变的初衷

竞技体育，已被公认为是世界各国、各民族之间交流的“通用语言”，是宣传一个国家或地区政治、经济、文化和科技等综合实力的“橱窗”。竞技体育事业的发展，对于一个国家或民族凝聚力的增强、自信心的提升等具有不可估量的价值。中华人民共和国自成立之日起，党中央就把发展体育事业摆上了重要议事日程，并提出了“新体育”发展方针，确定了以“体育为人民服务”为核心的工作指导思路。进入21世纪，体育事业尤其是竞技体育事业的发展越来越受到国人和国家领导人的重视，竞技体育的发展已提高到了一个新的发展阶段。

中华人民共和国成立以来，体育事业的蓬勃发展得益于历届国家领导人的关注。正如1952年，毛泽东同志非常重视国人体质健康状况，为了提高人民身体素质，他在全国倡导发展体育事业，并提出了“发展体育运动，增强人民体质”的理念。我国实行改革开放政策以来，邓小平同志对体育工作也非常重视，他认为体育事业关乎一个国家的精神文明建设，是一个国家、地区经济发展和文明开化程度的直接体现，并提出了“从娃娃抓起”的竞技体育发展思想。21世纪以来，江泽民同志指出，体育工作是关乎国民体质健康的重要事情，体育文化水平的高低是国家或地区，乃至一个民族文明水平高低的重要体现。胡锦涛当选国家总书记之后，提出了“以人为本”的科学发展观，并将这种理念应用到提高全民族身体健康水平方面。他认为，只有全民族的身体健康水平提高了、科学文化素质提高了和思想道德水准提升了，才能实现全面小康社会的伟大目标。2014 年，国家主席习近平在俄罗斯索契看望参加第 22 届冬奥会的中国体育代表团时，提出体育要从学校抓起，不只是专门的体育学校，而是从更广泛的普通学校抓起。可见，历届国家领导人对体育事业的发展高度重视，将其提升为一项社会主义目标来建设。

纵观自中华人民共和国成立以来体育事业的发展历程，体育事业的发展重心仍以发展竞技体育为主，以此来调控我国体育发展方向。竞技体育事业的发展，归根结底依靠优秀运动员的数量和质量。而优秀运动员的数量和质量则依赖于培养模式及其运作状态。随着我国经济体制由计划经济向市场经济转轨的不断深入，社会各领域已表现出了市场经济体制赋予的特点。诸如，国家的管理方式和人们的观念均发生了较大的改变，高等教育扩招制度实施和人才需求市场化等，兼之当前我国“三口之家”的家庭结构形态，家长对子女未来的期望存在价值取向趋于多元化。因此，计划经济体制下的产物越来越不适应市场经济时代的步伐，作为社会的一个组成部分，竞技体育事业发展同样面临这样一种现实局面，只有改变才能与市场经济体制协调发展，因此改革是其必由之路。

竞技体育事业的改革，主要表现为优秀运动员的培养模式的改变。我国在“奥运模式”之后，为解决运动员科学文化素质较低、退役后就业渠道不畅等重要问题，便出现了“院校化”之“清华模式”。然而，矛盾的存在伴随事物的发展，“清华模式”在发展中却产生了经济条件制约的弊端。在这种情况下，竞－企结合之“温州模式”和家庭投资之“丁俊晖模式”等模式随之而生，并在竞技体育事业实践中有时交织存在。在我国多种优秀运动员培养模式运行环境下，如陈伟[1]从社会发展和经济学角度分析，认为我们这种强国家、弱社会模式最大的缺点就是使体育运动不能顺应经济的发展和社会的变革。基于此，国家为适应我国经济转轨和社会转型，保证优秀运动员培养走上一条持续的、健康的轨道，所以在我国试办普通高校高水平运动队为代表的“院校化”模式，其模式为提升我国优秀运动员受

〔1〕 陈伟．高校试办高水平运动队的经济学浅析［J］．清华大学教育研究，2005，26(1)：83－86.

教育水平、提高就业能力、解决退役后就业困难等问题提供了良好的保障。国家体育行政部门发布了《国家2001—2010年体育改革与发展纲要》，该纲要明确提出：今后，我国要加强运动队“院校化”进程建设，使教学、训练、科研一体化。基于此，我国借鉴国外大学培养优秀运动员成功的经验，于1985年开始酝酿在我国普通高校创办高水平运动队。1987年国家教委和国家体委联合发文，首次确立51所普通高校开始招收高水平运动员。

截至2014年，笔者据教育部中国高等教育学生信息网查阅可知，我国具有招收高水平运动员资格的高校已有275所[1]，具体名单详见附录1。显然，我国竞技体育“院校化”模式已在国内高校全面展开。普通高校也成为高水平运动员培养的重要阵地，也肩负着为国家竞技体育事业发展培养具有较高科学文化素质的优秀运动员的重任。

2. 我国普通高校高水平运动员运动技术水平长期较低

我国普通高校高水平运动队自创办以来，其竞技能力长期处于业余化水平阶段，这已是不争的事实，且学术界众多研究都反映出这一问题。早在1988年汉城奥运会结束后，我国学者苏连勇、赖勤和张立就以《奥运会后的思索》为题进行研究，提出代表国家参加世界大学的各类体育赛事任务由国家队的优秀运动员代替现象，不但不能提高普通高校高水平运动队的竞技水平，反而挫伤了普通高校建设高水平运动队的积极性和动力。这个问题，对于普通高校高水平运动队的长远发展将是一个“不容忽视的现实问题”[2]。2003年我国学者池建教授，通过对我国高校试办高水平运动队16年以来，各类赛事成绩的梳理和运动员招收政策的解析发现，“高校办高水平运动队未能培养出优秀运动员”[3]。石刚强、雷辉旭、葛幸幸等[4]研究也表明，普通高校高水平运动队培养的高水平运动员近20年以来，一直未能从实质意义上代表

---

〔1〕 教育部. 2014年有资格举办高水平运动队的高等学校名单及运动项目[EB/OL]. http://gaokao.chsi.com.cn/gkxx/zcdh/201403/20140314/820281849.html.

〔2〕 苏连勇，赖勤，张立. 奥运会后的思索［J］. 天津体育学院学报，1989（1）：21－26.

〔3〕 池建. 关于“高校试办高水平运动队政策”的解析［J］. 天津体育学院学报，2003，18（4）：75－77.

〔4〕 石刚强，雷辉旭，葛幸幸，等. 高校高水平运动队学籍管理的实践与研究［J］. 体育科研，2005，26（5）：89－91.

国家参加国际大学生竞技体育赛事，没能完成国家赋予高水平运动队的任务。郝玉〔1〕研究发现，2001年世界大学生运动会上，中国体育代表团取得了非常令人满意的竞赛成绩，但透过参加赛事的运动员身份来看，取得优异比赛成绩的运动员大都是国家队现役队员，而真正意义上的在校大学生人数却屈指可数。刘成、司克虎、李儒新等〔2〕研究认为，教育部为了独自组队参加国际大学生体育赛事，于2005年以高校高水平运动队为基础选拔参赛选手参加了世界大学生运动会，但在比赛中夺冠的只有男子100米项目的运动员胡凯以及女子三级跳远运动员王颖才是清华大学的在校高水平运动员。依照这样的高水平运动员竞技能力，很难让人将国家竞技体育事业的发展任务交接给普通高校高水平运动队，基于这样的发展速度和技术水平现状，普通高校高水平运动队难以成为国家竞技体育事业发展的主力军。研究者统计发现：中国大学生篮球联赛从1998年创办到2008年的10年时间里，仅仅为CBA输送了7名大学生球员。项佳〔3〕研究表明，2007年曼谷世界大学生运动会中，中国体育代表团以33枚金牌位居本次世界大运会榜首；但真正在校就读的大学生运动员获得奖牌比例较小，而大多数拿奖牌的运动员都是挂靠国家队或者有国家队训练经历背景的专业运动员。洪俊雄〔4〕通过对广东省20所普通高校高水平运动队调查研究发现，专业运动员进入高校后其运动成绩有所下降，普通高校高水平运动队面临的现状是名存实亡，变相地成了专业运动员退役后的“收容所”。徐卫华、何青〔5〕通过对安徽省具有招收高水平运动员资格的7所普通高校的高水平运动队建设现状调查发现，安徽省在校高水平运动员的运动竞技水平普遍不高，队伍建设收益表现偏低。

综合众多学者的研究成果，结合普通高校高水平运动队的办队现

---

〔1〕 郝玉．我国普通高校竞技体育人才培养可持续发展的研究［D］．江苏：南京师范大学，2006：4.

〔2〕 刘成，司克虎，李儒新，等．我国竞技体育与高校竞技体育互动发展进程中的隐形冲突分析［J］．天津体育学院学报，2008，23（6）：512－515.

〔3〕 项佳．基于博弈论视角看高校竞技体育人才培养［D］．上海：上海交通大学，2008：13－14.

〔4〕 洪俊雄．对广东省高校高水平运动队建设情况的调查研究［J］．安徽体育科技，2012，33（6）：78－80.

〔5〕 徐卫华，何青．安徽省高校高水平运动队发展现状的调查研究［J］．安庆师范学院学报（自然科学版），2013，19（1）：95－97，100.

状，客观地讲，我国竞技体育“院校化”模式至今未能在普通高校中得到有效的发展，高水平运动队的竞技能力一直处于较低水平，普通高校培养的高水平运动员担当国家竞技体育事业发展的重任，现实中却事与愿违。那么，我国普通高校高水平运动队竞技水平为何长期处于低水平状态？制约其发展的瓶颈到底是什么？这将是本研究关注的焦点之一。

3. 普通高校培养高水平运动员现状偏离国家创办的初衷

当前，我国普通高校在高水平运动员培养过程中，一是未能为国家培养全面发展的优秀运动员，二是解决退役就业方面有悖于国家创办的初衷。

有关在我国普通高校试办高水平运动队的目的与意义，教育部门和体育部门于 1987 年联合颁布了《关于部分普通高等学校试行招收高水平运动员工作的通知》，规定了招收高水平运动员的相关院校，必须以国家创办高水平运动队的初衷进行招收培养工作，指出目的有两个：一是培养具有较高文化素质的优秀运动员人才；二是为退役运动员提供继续深造的机会，疏通退役运动员的就业渠道。国家于 2005 年再次颁布《关于进一步加强普通高等学校高水平运动队建设的意见》，重申：“普通高等学校建设高水平运动队的目的是为国家培养全面发展的高水平体育人才，目标是完成世界大学生运动会及国际、国内重大体育比赛的参赛任务，为国家奥运争光计划和竞技体育可持续发展作贡献。”

但是，我国具备招收高水平运动员资格的相关院校，在高水平运动员培养过程中存在偏离了国家创办的两个初衷的问题。首先，就其竞技水平来看，高水平运动员的培养长期处于业余化阶段，为国家输送参加国际大学生体育赛事的高水平运动员人才数量屈指可数，很难肩负起国家完成国际重大体育赛事的竞赛任务[1]。其次，从退役后继续深造情况来看，目前普通高校招收省市队退役运动员大都选择攻读体育以外的专业，由于其文化课基础薄弱，出现不能完成学业的局面；即使勉强能够完成学习任务，也未能成为该领域的专业人才，从而出现了“有学历无能力，有文凭无水平”的现象，造就出了“不文不武”的“畸形”

[1] 邵斌，游松辉，刘卫军，等. 我国高等院校招收优秀运动员现状的调查 [J]. 体育学刊，2007，14 (1)：115－117.

大学生。再次，从退役后的就业取向来看，2008 年北京奥运会后，占总人数近 45% 的奥运会退役运动员从事与体育不相关的工作，从而造成了国家竞技体育人力资源的严重浪费。诚如陈伟[1]研究认为，当前我国部分高水平运动员为了获得谋生的途径，放弃了他们精湛的运动技术，而从事与体育相差较远的其他种类的工作，增加了个人边际成本。可见，当前我国普通高校高水平运动队建设未能很好地实现其创办的两个初衷。因此，探索分析我国普通高校高水平运动队建设中存在的问题，优化办队环境，提高优秀运动员的培养绩效，实现国家创办高水平运动队的初衷是当前的一个重要研究课题。

4. 运用绩效技术理论视角探索普通高校高水平运动队优化改进的途径

基于对我国普通高校高水平运动队建设主题的文献综合梳理，本研究发现了一些制约普通高校高水平运动队的突出问题，这些问题制约着高水平运动队健康持续的发展，而且这些问题已经严重制约了我国普通高校高水平运动员的培养，导致高水平运动队建设出现了预期目标与当前实践相差甚远的问题，更为严峻的问题是预期目标与现实操作相背离。

针对这一问题，当前学术界众多学者已从不同视角、不同领域进行了探讨，对高水平运动队建设的预期目标和现状之间存在的差距也提出了一些改进策略。笔者整理相关文献研究发现：已有关于我国普通高校高水平运动队实践过程中存在问题的探讨出现“头痛医头，脚痛医脚”的现象，未能从根源上找出问题的症结。因此，导致所提出问题的解决策略只见短期疗效，不能从根源上解决现实问题。笔者认为，高水平运动队建设和优秀运动员的培养是一个过程，也是一个复杂的系统，该过程和系统的运行状况对高水平运动员培养具有重要作用。如何以系统科学为指导，对该培养过程和系统进行系统的评价？对于这一问题的研究目前很少。

因此，整体化或系统化地鉴别影响我国普通高校高水平运动员成才率不高的原因，分析相关要素产生绩效问题的根本所在，从而执果索因设计、开发相应的绩效干预方案，然后针对具体问题再对症下

---

〔1〕 陈伟. 高校试办高水平运动队的经济学浅析［J］. 清华大学教育研究，2005，S1(1)：83－86.

药，最大化地实现优秀运动员培养的预期目标，这正是企业绩效改进或绩效评价的思路，也是本研究解决问题的基本思路。因此，本研究将采用企业中绩效改进的思想和操作流程，探索影响我国普通高校高水平运动队优秀运动员培养效果的根本原因，提出改进我国普通高校高水平运动队建设的思路、对策、建议和具体方案。这种跨领域的探索对我国高校竞技体育，乃至于竞技体育事业的发展实践和理论研究很有必要。

（二）研究意义

普通高校高水平运动员，属于大学生运动员群体。由于他们肩负着完成大学文化课学习和提高运动竞技能力两个任务，所以对于他们的培养既要遵循高等教育原理，又要符合体育客观规律。然而在培养实践中，往往出现两个目标难以协调的问题。因此，以“普通高校高水平运动队绩效评价”为选题进行研究，符合高等教育和竞技体育事业发展的需要，更是当前国家发展竞技体育事业、培养优秀运动员的实际要求，对我国普通高校高水平运动队可持续发展既有理论价值又有实践价值。

1. 理论价值

本研究涉及高等教育理论应用和绩效评价技术理论的问题。因而，从理论意义上讲，有 2 个方面的价值。

第一，将绩效和绩效评价的思想引入我国普通高校高水平运动员培养的研究，拓宽了有关高校高水平运动员主题的研究视野。我国普通高校高水平运动队是竞技体育“院校化”模式下培养优秀运动员的一个载体，而优秀运动员培养又是一项复杂的系统工程，然而长期以来，大量有关高水平运动员培养的研究大都停留在“点”的局部研究上，而缺乏对该过程的“面”的整体性探讨。另外，前期文献分析显示，目前学术界对普通高校高水平运动员培养过程的评价研究相对比较薄弱，评价体系缺失，这是当前普通高校高水平运动队研究工作的“硬伤”。因此，本研究将企业中绩效技术的思想引入高水平运动队人才培养过程中，利用绩效技术整体化、系统化分析和解决问题的操作流程，一方面可以帮助解决普通高校高水平运动队有关优秀运动员培养实践存在的问题；另一方面可以扩大竞技体育的研究视野和问题领域，改变竞技体育领域理论基础单薄、研究方法单一的现状。

第二，丰富和完善我国竞技体育的理论体系。本研究中构建的我国普通高校高水平运动员培养系统模型体现了对我国竞技体育“院校化”本质的认识。本研究以高水平运动员培养系统模型为参照，在对我国不同地区、不同院校高水平运动员培养过程中的绩效问题及其根源进行探讨的基础上，提出一些改进的策略、建议和方案等。这有助于从本质上更好地理解其培养的过程，促进我国高水平运动队建设在深度和广度上进一步发展，进而丰富和完善我国竞技体育的理论体系。

2. 实践价值

从实践意义上讲，本研究具有 3 个方面的价值。

第一，为解决我国普通高校高水平运动员培养过程中存在的问题提供参考。目前，有关高校高水平运动员培养的研究较多，但大多研究文献仅针对某一领域进行探讨，而对高水平运动队培养运动员这个复杂的系统整体过程的认识还不够深入，甚至对运动队系统要素之间的关系理不清，这是造成高校高水平运动队研究与高水平运动员培养实践脱节的主要原因。本研究将以我国普通高校高水平运动队发展实践为前提，以绩效理论为研究基础，可以较为系统地分析探讨其高校竞技体育人才培养中存在的问题。

第二，有助于普通高校高水平运动队评价指标体系的构建。教育部于 2005 年和 2010 年对普通高校高水平运动队进行过两次评估。从这两次评估的评价方法来看，2005 年以相关指标的权重系数进行判断，而 2010 年则是指标综合分值评判。再从评价指标体系选取来看，2005 年侧重于高水平运动队的竞技水平方面，而 2010 年在 2005 年的基础上增加了“学校群体工作状况”指标。综合两次评价指标体系的选择，较多地表现出了运动队的形式评定，而忽略了运动队优秀运动员培养初衷的评价。为此，本研究将以运动员培养理论为基础，结合运动队实践构建普通高校高水平运动队评价指标体系。

第三，为国家主管部门监督管理普通高校高水平运动队评价工作提供参考。本研究将以运动员培养系统为理论基础，构建普通高校高水平运动员培养系统模型。在此基础上，提出普通高校高水平运动队评价指标体系，结合指标体系剖析其当前培养实践中存在的具体问题及问题产生的原因，对症下药，提出有针对性的解决策略和方案。这不仅有助于解决我国普通高校高水平运动队存在的现实问题，还能为今后的运动员培养实践过程提供理论参考。本研究的最终意图，是希望国家竞技体育"院校化"模式在我国更好地开展，实现办队初衷，所培养的高水平运动员能够肩负起代表国家参加世界大学生各类体育赛事的重任。

二、国内外研究述评

我国普通高校高水平运动队绩效问题直接影响着国家竞技体育资源利用率，关系着高等教育公平权利的享受程度，决定着高水平运动员个人前途。基于此，近年来有关我国高校竞技体育事业的发展，尤其是高水平运动员竞技水平低下的问题，学术界和教育工作者对此高度关注，并从不同的视角进行了探讨。立足本研究关注焦点，笔者主要从国内外高校培养竞技体育优秀运动员人才问题探讨、高水平运动队评价使用的相关指标、大学优秀运动员培养体系运作策略 3 个方面进行相关文献梳理。

（一）国内相关研究

笔者以"普通高校"并含"高水平运动队"为主题词，搜索中国知网 2000 年至 2014 年相关文献，共 964 篇，在此搜索结果中再以"评价"为主题词搜索相关文献，共 58 篇。有关本研究主题的文献整理有以下几个方面。

1. 有关普通高校高水平运动队办队绩效问题研究

梳理相关文献发现，有关我国普通高校高水平运动队效益问题的探讨，早在 2002 年我国学者凌平、张柱的研究就表明：在过去 10 年多的高水平运动队建设过程中，所招收的高水平运动员基本为专业队退役运动员，或者是被传统体育学校淘汰的运动员。招收这部分运动员进入高校运动队进行训练，提高运动技术成绩的潜力不大，训练效益低下[1]。

杨伟堂[2]认为，当前一段时期内，高校竞技体育运动队难以成为国家竞技体育主要力量，依靠普通高校培养参加奥运会等重大赛事的优秀运动员难度很大。李仕美[3]从价值目标方面比较我国与国外高校优秀运动员培养差别，并指出我国高水平运动队很难挑战举国体制下培养的专业运动队，主要是因为国人追求中庸的“天人合一”思想，使高水平运动队的主体化思维方式趋于平衡自然，而西方人崇尚挑战的“极限式”思维，更能充分体现“更快、更高、更强”的奥林匹克口号，营造了优秀运动员培养氛围。

郝玉[4]通过对北京、上海、广东、江苏 4 省市共 20 所普通高校高水平运动队建设现状调查研究发现：具有招收高水平运动队资格的院校的领导对于高水平运动队的认识不到位、运动员的生源渠道不畅、内部管理机制不健全、缺乏高水平的教练员、营养医疗保障有待进一步完善、经费投入严重不足和竞赛制度不合理等问题，严重地制约了高水平运动队的可持续发展。

魏建[5]对河南 15 所招收高水平运动员的高校调研发现：河南省普通高校高水平运动队生源主要依靠“省市体校的二线队伍”，而这部分运动员都是经过体工队挑选后淘汰的体校学生。如果再将这部分运动员招进高校，以培养优秀运动员为目的进行培养，将是事倍功半、毫无意义的事情。

潘登[6]对北京理工大学足球队进行调查发现：首先，北京理工大学足球队借助于其名校效应，选择了很好的运动员苗子；其次，学校领导对足球队的建设和管理非常重视；再次，担任该校足球队的教练员都

---

〔1〕 凌平，张柱．关于美国高校招收学生运动员管理制度的研究 [J]．山东体育学院学报，2002，18 (3)：15 – 19.

〔2〕 杨伟堂．我国高校高水平运动队建设与奥运战略协调发展的研究 [D]．上海：华东师范大学，2005.

〔3〕 李仕美．普通高校试办高水平运动队价值目标的重新定位及发展对策研究 [J]．山东体育学院学报，2006，22 (2)：106 – 109，112.

〔4〕 郝玉．我国普通高校竞技体育人才培养可持续发展的研究 [D]．南京：南京师范大学，2006.

〔5〕 魏建．河南省高校高水平运动队招生问题探讨 [J]．天中学刊，2007，5 (5)：107 – 108.

〔6〕 潘登．北京市高校体教结合培养高水平大学生运动员现状及对策研究 [D]．北京：首都体育学院，2008.

是国内较有名气的教练员。因此，北京理工大学足球队的成功并非偶然。张浩[1]通过对我国普通高校高水平运动队教练员、运动员、训练竞赛现状、办队经费、办队模式等方面的研究发现：目前，普通高校高水平运动队办队工作定位出现了偏差，目标导向出现了偏离，从而造成了诸如运动员身份舞弊、服用兴奋剂等很多不良现象发生，因此，他提出改变办队初衷，遵从现实情况，端正办队目标，完善运动队办队效益评价机制。

姜丽、李栋通过对参加广东省第 7 届大学生运动会的国家首批 5 所高校高水平运动队调查研究发现：广东省高校优势项目设置重复现象较严重，训练效益低下，达到运动健将、国际运动健将标准的运动员大多数来自专业队，造成高校竞技体育资源浪费……在经济、社会和文化等方面产生的负面作用[2]，将是制约高水平运动队可持续发展的重要原因。沈林、庞辉、何恩鹏通过对新疆具有高水平运动员招收资格的 5 所普通高校高水平运动队调查发现：参训学生运动水平不高，来源以中学为主且高校之间发展不平衡[3]。

李军汉对四川省普通高校高水平运动队研究发现："生源不足，经费短缺，学训矛盾，场馆使用冲突，参赛机会少，管理体制落后"[4]等是制约其发展的重要因素。可见，高水平运动员来源渠道问题，一直是困扰运动队建设的制约因素。闻兰、李志刚研究认为：目前，我国普通高校高水平运动队建设出现"培养目标与培养载体错位"而造就出了"短于文化教育，有文凭无文化，有文凭无水平"的大学生群体[5]。由此，国内学者从制度层面开始探讨绩效偏低的原因。

鲍军超基于平衡卡记分法对我国普通高校高水平运动队绩效进行研究发现：外部制度正在逐步改进，法规还有待完善，运动队自身制度的

---

[1] 张浩．高校高水平运动队发展路径选择的研究 [D]．北京：北京体育大学，2008.

[2] 姜丽，李栋．广东省高校高水平运动队建设现状与发展对策研究 [J]．山东体育学院学报，2009，8 (8)：93 -96.

[3] 沈林，庞辉，何恩鹏．新疆院校高水平运动队调查研究 [J]．体育文化导刊，2009 (6)：101 -103.

[4] 李军汉．四川普通高校高水平运动队建设的现状分析与发展对策研究 [J]．绵阳师范学院学报，2010，29 (5)：126 -129，134.

[5] 闻兰，李志刚．普通高等学校高水平运动队建设的困惑与思考 [J]．上海体育学院学报，2010，34 (6)：81 -83，87.

建设力度还有待加强[1]。马玉芳、江山、刘爱通过对江苏省17所普通高校高水平运动队研究发现：江苏省普通高校高水平运动队建设出现“目标定位不清、学训矛盾突出、体制设计缺陷等诸多问题”[2]。

潘迎旭[3]《普通高等学校排球项目高水平运动队建设与评价研究》一文显示：导致我国普通高校高水平运动队排球项目竞技水平不高的主要原因是区域分布不合理、学训矛盾依然存在、投资经费不足和优秀教练员人才缺乏等。廖生波、郑超研究认为：我国普通高校的高水平运动队建设距离真正的高水平还有很大的差距[4]。

综合上述文献整理，我们可以清楚地发现：自普通高校高水平运动队建队以来，高水平运动员竞技水平提升效果不明显，不进则退现象经常发生，绩效表现不理想现状已被学术界所公认，且这样的低绩效现象普遍存在于具有高水平运动员招收资格的相关院校。对于产生这种现象的原因，学者们也进行了深入的分析和探讨，综合分析主要包括以下几个方面：目标定位不准、管理体制不合理、招收运动员水平较低、教练员执训能力不够、经费投入不足、学训矛盾突出、场馆器材资源利用不充分等。针对此类问题，研究者们也进行了深入的分析和探讨，并提出了相应的对策建议，但这些改进措施在解决实践问题过程中效果并不理想。

2. 有关普通高校高水平运动队评价指标体系研究

结合当前我国普通高校高水平运动队的组建状况，高校高水平运动员培养工作是国家高等教育的一项内容，更是我国体育事业发展中的一个重要分支。对于竞技体育运动队构成要素的研究，相关主题的要素同样适用于普通高校高水平运动队评价的指标构成。为此，本研究对于高水平运动队评价指标的搜集以竞技体育评价指标、高校竞技体育评价指

---

〔1〕 鲍军超．基于平衡计分卡的高校高水平运动队绩效管理［J］．体育研究与教育，2012，27（5）：95－98.

〔2〕 马玉芳，江山，刘爱．普通高校高水平运动队可持续发展若干问题的思考——以江苏省普通高校高水平运动队为例［J］．北京体育大学学报，2012，35（11）：87－92.

〔3〕 潘迎旭．普通高等学校排球项目高水平运动队建设与评价研究［J］．运动，2013（75）：40－42.

〔4〕 廖生波，郑超．基于WSR三维视野下的高水平运动队管理模式的构建［J］．体育与科学，2013，34（4）：100－104.

标、普通高校高水平运动队评价指标3个领域的相关研究为基础。

虞重干、刘志民、丁海勇等[1]通过广泛调研，在理性分析和现状调查的基础上，通过对影响因素分析和体育理论研究，确立了5个类别中的15个评价指标。其内容主要包括：学校管理体制类、财务经费基础类、竞技体育发展类、外部因素影响类和相关制因协作类等价值目标层，同时对于普通高校高水平运动队教练员的聘任和管理进行了较为详细的探讨。

刘志民、虞重干、刘炜等[2]通过文献法和访谈法等方法的应用，针对竞技体育可持续发展问题的相关指标进行测评，并经过初步研究和首轮专家问卷调查筛选出40项指标，在此基础上运用“多输入加权优序图”法进行两两比较，确定各指标的权重和排序，建构出新的竞技体育评价指标群，共包括体育经济发展、体育社会发展、体育环境发展和体育资源发展4个一级指标和若干个二级指标。

武恩钧[3]采用层次分析法和德尔菲法，对天津市高校竞技体育绩效评价与资源配置进行发展潜力、现有实力和生存环境3个主要方面的探讨，研究中首次构建了高校竞技体育绩效评价指标体系。在构建指标体系时紧紧围绕高校体育的战略目标进行，有针对性地选取相关的评价指标，主要包括物质基础设施建设、精力投入、项目管理、技术指导、运动员个人成长、运动队整体管理等几个方面。最后根据相关评价指标在评价目标层的贡献率，基于相关数理统计学方法综合处理来建立学校竞技体育评价模型。

詹兴永[4]通过对普通高校高水平运动队管理文献综合梳理，着重从建设软实力入手，针对高水平运动队的建设和管理，确定了由学校体育管理制度、运动员管理、教练员管理、训练效果监督、场馆物质条件、后勤保障管理状况、竞赛组织管理等7个一级指标和26个二级指

---

[1] 虞重干，刘志民，丁海勇，等．竞技体育可持续发展的评价指标及其人力资源研究[J]．西安体育学院学报，2001，18（1）：5-7，19.

[2] 刘志民，虞重干，刘炜，等．竞技体育可持续发展的评价指标体系[J]．体育学刊，2002，9（1）：15-19.

[3] 武恩钧．天津市高校竞技体育绩效评价与资源配置研究[D]．天津：天津大学，2006.

[4] 詹兴永．我国普通高校高水平运动队管理研究综述[J]．唐山师范学院学报，2008，30（5）：91-93.

标组成的评价体系，并使用层次分析法确定了各指标的重要性和权重，并运用该评价体系对江苏省 17 所普通高校的高水平运动队进行评价。研究发现，占总调查院校数量很大比例的招收学校在运动队组建方面存在不符合规范标准的状况，如场馆器材老化严重、管理制度不健全、执训运动队教练员业务能力不高、学校竞技体育氛围不浓、招收管理制度不严格等，与国家对于高水平运动队创办的标准相差较远。高水平运动队以强大的经济条件做后盾，在此基础上完善的人才选拔及培养机制、管理体制、和谐的团队文化氛围等尤为重要。姚建军、陆颖、尹天安等[1]参照教育部有关高校高水平运动队文件政策的精神和要求，初步确定了办队方向、办队条件、运动队管理和办队成绩等 48 个指标作为高水平运动队综合评价指标体系的基础，并通过专家座谈、专家访谈等确定各指标及其重要性，最终建立了一套包括学校对运动队的目标定位、学校基础条件建设、运动队发展绩效和管理制度文件的制定 4 个一级指标，设施和经费、教学训练效果和教练员素质等 10 个二级指标及比赛成绩、业务能力等 27 个三级指标的综合评价指标体系。该指标体系适用于北京市普通高校高水平运动队进行自评和他评。研究中采用专家赋值法和模糊综合评价法确定指标权重的思想很值得借鉴，但对于各指标的选择和确定缺乏明确的来源，随意性较大。陈颇、殷樱、夏崇德[2]从系统环境对竞技体育的支撑、竞技体育发展现状指标、竞技体育发展趋势指标、竞技体育与区域协调指标等相关方面构建了我国竞技体育的评价指标体系，并应用层次分析法给出各个指标权重及综合评判系数。张舒扬[3]对山西省具有高水平运动队举办资格的相关学校进行调查，利用层次分析法构造了高水平运动队绩效评价指标体系，他通过对山西省普通高校高水平运动队研究发现：学术界对我国普通高校高水平运动队的研究大多都集中在对于体制和现状的研究，而对于整个系统内部的运行问题却探讨不足，并且绩效问题早已应用到各行业

〔1〕 姚建军，陆颖，尹天安，等. 北京市普通高校高水平运动队综合评价指标体系研究［J］. 北京体育大学学报，2007，30（3）：380－382.

〔2〕 陈颇，殷樱，夏崇德. 我国竞技体育可持续发展的评价指标与评价体系的构建［J］. 首都体育学院学报，2007，19（2）：69－74.

〔3〕 张舒扬. 高校高水平运动队绩效评价体系构建的研究——以山西省为例［D］. 太原：山西大学，2007.

的理论研究和实践管理当中，但在高水平运动队研究方面研究者们涉猎不多。温东良[1]运用平衡计分卡法，从顾客服务、财务状况、内部经营过程、学习与成长4个角度确定了评价指标，运用层次分析法确定各指标的权重，最终构建了一套包括学生、财务、内部流程、学习与成长/创新4个一级指标，领导机构与工作状况、教师科研成果、学生满意度、体育基础设施资金等44个二级指标的指标体系。

刘娟对高水平运动队系统的重要组成部分——教练员的综合素质进行考评。研究运用层次分析法、灰色关联法、模糊评价法等，结合南京高校高水平运动队教练员的现状，对南京高校高水平运动队教练员考核指标进行划分，主要包括理论知识层次、技术水平、思想道德水平、运动队管理能力等相关指标，对南京高校高水平田径教练员综合能力进行了较为详细的评价。孙晓明[2]以核心竞争力为视角研究江苏省高校高水平运动队的实力。研究认为，江苏省高校高水平运动队的核心竞争力包括教练员的竞争力、运动员的竞争力、运动队训练的竞争力、运动队竞赛的竞争力、运动队后勤保障的竞争力。他运用层次分析法等最终确定了教练员的竞争力、运动员的竞争力、运动队训练的竞争力、运动队竞赛的竞争力和运动队后勤保障的竞争力5个一级指标和训练计划制订的科学性等23个二级指标，并对各指标的重要性进行了检验。研究中采用数理统计方法确定各指标权重的做法很值得借鉴，但研究中对各指标的确定是“通过查阅大量的高水平运动队的研究课题和有关核心竞争力的文章和书籍，经过三轮专家问卷调查后，整理得到5个一级指标和23个二级指标”，因此各指标及整个评价指标体系的合理性需要进一步验证。

尤信招[3]从影响高校高水平运动队质量的因素出发，认为影响高校高水平运动队质量管理体系的因素包括招生管理、训练管理、专业理论学习管理、后勤管理和参赛管理。将这五大因素细化后构建了包括两

---

[1] 温东良. 普通高校体育工作绩效评价体系研究 [D]. 南京：南京师范大学，2007.

[2] 孙晓明. 江苏省高校高水平运动队核心竞争力评价指标体系的研究 [D]. 南京：南京师范大学，2008.

[3] 尤信招. 高校高水平运动队质量评价体系的构建 [J]. 荆楚理工学院学报，2009，24 (9)：89-91.

大一级综合指标（性质指标和度量指标）和17项子指标（运动队素质、招生管理等）的评价指标体系。该评价指标体系较为宏观，只粗略地列出影响高校高水平运动队质量的因素，并未给出各影响因素的权重。田英莲、钟泽〔1〕以社会学和经济学理论为基础，以竞技文化、管理体制、资源配置、运行机制和效益表现为内容框架，以竞技体育的经济效益和社会效益为客观标准进行评价，文中虽然论及了评价标准问题，但没有给出具体评价指标体系。胡洋、尹少丰、张伟〔2〕从影响高校体育工作绩效的因素着手确定评价指标，运用专家访谈法和数理分析法等评价法确定指标权重，构建了一套包括人力投入、财力投入、物力投入和无形投入4个一级指标和教师学历结构、体育经费投入额等12个二级指标的高校体育工作绩效评价指标体系。

朱传辉〔3〕持发展性评价的观点，从教学活动的流程出发，最终确定了包括教师教学准备、教学过程调控、学生学习效果和教学工作管理4个一级指标，场地设施检查、运动水平掌握、运动负荷分析等20个二级指标和若干个三级指标构成的普通高校体育教学绩效评价指标体系。研究中“发展性评价”的思想对本研究确定指标体系很有参考价值。

鲍军超〔4〕研究表明，运用平衡记分卡理论为指导，对我国普通高校高水平运动队构建中的顾客类（运动员来源）、财务类（运动队经费支持与管理）、内部运营类（运动队管理与建设）、学习发展类（运动员学习与教练员再学习）等几个类别，初步以平衡记分卡理论对一个运动队的建设效果评价进行指标层的确定，其目的就是想通过相关评价从理论层面进行探索。吴俊芳、刘泉水、李绍成等〔5〕也对我国高校竞技

---

〔1〕 田英莲，钟泽．我国竞技体育评价体系的构建［J］．山东体育学院学报，2009，25（4）：5－7．

〔2〕 胡洋，尹少丰，张伟．普通高校体育工作绩效评价指标体系的构建与应用［J］．山西师大体育学院学报，2009，24（3）：78－80．

〔3〕 朱传辉．普通高校体育教学绩效评价指标体系的研究［D］．青岛：中国石油大学，2011．

〔4〕 鲍军超．基于平衡记分卡的高校高水平运动队绩效管理［J］．体育研究与教育，2012，27（5）：95－98．

〔5〕 吴俊芳，刘泉水，李绍成，等．高校竞技体育绩效评价标准的构建［J］．甘肃科技纵横，2012，41（6）：138－140，12．

体育绩效评价问题进行了探讨。他们从高校竞技体育发展的规律及特征入手，认为高校竞技体育绩效评价应从管理运行、资源投入和结果产出3个一级指标来构建，并针对每个一级指标设计了若干个二级指标。

周建梅、张志华、卫晓飞等[1]运用分类评估的思想，结合已有研究我国前两次高校高水平运动队建设项目评估表，以网球项目为例，从学校领导组织、办队目标设定、运动队文化建设、教练员考核、训练计划制订、基础条件保障等方面，运用层次分析法对该指标体系进行了权重分析。该研究针对网球项目的特点，结合国家两次评估体系的做法很有借鉴价值。

综上所述，国内学者对于竞技体育评价研究较早，如虞重干、刘志民等学者在2001年就探讨竞技体育评价类的相关问题，并提出了相应的评价指标体系。而学术界关注普通高校高水平运动队评价问题，开始于国家2005年第一次评估工作之后，相关研究主要集中在2007年。学者们关注的主题大多集中在运动员的招收管理、教练员选聘、场馆器材、目标定位等方面，仍有学者针对个别体育项目进行了绩效评价指标体系的构建。综合来讲，相关研究并未能够很好地结合国家创办高水平运动队的初衷选取评价指标。诸多研究为本课题提供了评价指标体系构建的理论基础，同时通过对现有研究的梳理，更明晰了研究思路和方向，明确了研究空间。

3. 有关绩效理论在高校竞技体育领域的研究

任何组织要想达成目标，都要有全局性、长远性和纲领性的规划和决策，这在管理学中称作组织绩效战略。管理大师彼得·德鲁克认为：绩效问题常常存在于每个系统和组织当中，如果要对一个系统或组织进行评价和认识，必须考虑其绩效问题[2]。否则，对其进行管理和认识就是不科学的，更是不合理的。

运用绩效理论知识解决高校优秀运动员培养实践问题的研究，当

---

〔1〕 周建梅，张志华，卫晓飞，等. 我国普通高校网球项目高水平运动队评估指标体系研究［J］. 北京体育大学学报，2013，36（2）：105－109.

〔2〕 方振邦，罗海元. 战略性绩效管理［M］. 3版. 北京：中国人民大学出版社，2013.

属武恩钧[1]对天津市高校竞技体育绩效评价的研究。他首先开创性地界定：科学合理的学校体育评价，应该包括理论层面的基础知识、系统科学的相关理论、准确的数量统计分析综合利用。他通过对评价主体在该时期内的状况、目标和生存环境进行定性和定量的分析，从而客观、公正地评判高校竞技体育运行和发展投入人力、财力、物力所产生的效益。他认为，我国竞技体育绩效评价指标体系的设计要紧紧围绕高校竞技体育的战略目标进行，他将评价的内容确定为“发展潜力、现有实力和生存环境”3 个方面，采用专家访谈和逻辑推理的方法确定了若干个指标群，采用相关数理统计学方法确定指标体系的权重，运用模糊综合评价法确定了高校竞技体育绩效评价模型。该研究对高校竞技体育绩效评价的定义、评价指标体系的建立过程和各种建模方法的运用为本研究提供了思路，尤其绩效评价模型的建立过程为本研究提供了参考。

宋杰、刘航通过对国家某一支运动队伍调查，在绩效理论的基础上依照绩效技术评价目标的流程对该支队伍进行绩效管理。研究特别强调了工作环境即组织文化的建设，认为将绩效管理这一理念引入我国竞技体育管理中是对竞技体育成本的思考及“以人为本”思想更好的解读。

周文军[2]以系统观和可持续发展观为指导思想，着眼于运动队的可持续发展，关注运动员的长远、多元化和全面发展，运用系统观的思想，从影响运动队系统的内外部因素出发，认为高水平运动队系统由运动员、教练员、任课教师、学校、教育主管部门、社会环境等 6 个子系统构成。基于此，他确定了运动员、教练员、任课教师、学校、教育主管部门、社会环境等 6 个一级指标，（运动员）专项运动潜能、（教练员）敬业精神等 49 个二级指标，并运用层次分析法分析了各系统及指标的权重及贡献率。

于可红、张洁[3]基于管理学中平衡计分卡方法构建了我国高校高

---

〔1〕 武恩钧. 天津市高校竞技体育绩效评价与资源配置研究［D］. 天津：天津大学，2006：39.

〔2〕 周文军. 普通高校高水平运动队发展性评价指标研究［J］. 北京体育大学学报，2011，34（6）：141－144.

〔3〕 于可红，张洁. 高校高水平运动队绩效评价指标体系研究［J］. 北京体育大学学报，2012，35（1）：74－79.

水平运动队绩效评价指标，主要从“主办方－学校、运动队内部交流程序、运动队经费和运动队发展”4个维度进行了SWOT分析，提出运动队的管理和员工的发展是运动队的核心问题。韩峰[1]则引用经济学中的博弈理论和竞争机制，针对山东省普通高校高水平运动队现有评价指标体系“经费保障指标有待完善”和“训练竞赛指标有待完善”的问题，结合山东省普通高校高水平运动队建设和发展的特点，即“注重后备人才的培养”和“注重制度建设和情感投入”，对山东省普通高校高水平运动队的水平进行宏观评价。研究中虽没有给出评价指标体系，但其考虑地方文化和地方运动队实情的做法很值得借鉴。

吴畏[2]以组织战略为导向，借鉴企业绩效管理常用的7个循环步骤，即目标设定、战略目标分解与部署、绩效计划制订、绩效追踪辅导、绩效监控、绩效沟通、激励与反馈，建立了一套在组织战略导向下的普通高校学校体育绩效管理体系框架，并给每个环节的“管理路径”和“执行人员”提出建议，最后还结合燕山大学对该管理体系框架进行了实证研究。追求绩效是组织一切行动的目标，组织战略是组织如何达到目标、完成使命的整体谋划。研究以高水平运动队的绩效目标为指南，明确组织战略并对战略目标进行分解，将企业战略转化成具体的考核指标，通过对各指标的考核来考量总体绩效目标的达成度。潘迎旭[3]在《普通高等学校排球项目高水平运动队建设与评价研究》一文中，对我国当前普通高校排球项目高水平运动队主要从组织领导、运动队管理、教练员队伍建设、条件保障、办队绩效和校园体育文化建设6个方面的44个指标进行了研究分析，发现：首先，国家批准招收院校从全国范围来看表现为区域分布不均衡；其次，对普通高校高水平运动队未能制定合理的评价指标体系，致使各个招收院校存在训练时间不能够保障、经费投入不能很好地维持运动队发展、院校领导不够重视等突出问题。廖生波、郑超[4]基于我国高校高水平运动队的管理体系、层

[1] 韩峰．山东省普通高校高水平运动队建设与评价研究［D］．北京：首都体育学院，2012.

[2] 吴畏．普通高校学校体育绩效管理研究［D］．石家庄：河北师范大学，2013：69.

[3] 潘迎旭．普通高等学校排球项目高水平运动队建设与评价研究［J］．运动，2013（75）：40－42.

[4] 廖生波，郑超．基于WSR三维视野下的高水平运动队管理模式的构建［J］．体育与科学，2013，34（4）：100－104.

次关系和结构体系3个方面，从场馆条件、管理制度建设和人力资源利用3个维度进行了WSR视角的“物理”维度分析，认为目前我国如果能够建立一支评价专家组，对于扩充融资、改进场馆设施和物质资源利用都将有很好的作用。于振峰、刘峰、史衍[1]利用关键绩效指标法对我国普通高校高水平篮球队从“决策层、管理层、操作层和建设效果”4个层面进行评价指标体系的构建。耿立志[2]在《黑龙江省普通高校运动队可持续发展指标体系研究》中，构建了黑龙江省普通高校高水平运动队的指标体系，主要包括运动员、培养可持续发展、能力建设总体水平3个方面，并对“支撑性”“带动性”“保证性”3个一级指标和10个二级指标进行了权重分析判断。普通高校高水平运动队的发展受制于运动员、教练员、管理人员等内部因素和物质发展水平、高校文化等外部因素，不同省（市）、高校和项目的高水平运动队发展水平不均。高水平运动队是一个由运动员、教练员、管理人员、物质条件等诸多要素构成的系统。其中每个组成要素本身也是一个功能完善的子系统。高水平运动队的绩效水平取决于各子系统及其相互协调作用的总体水平。

综上研究所述，国内学者运用绩效理论知识探讨高校竞技体育还处于初步阶段，而对普通高校高水平运动队绩效的相关研究更晚一些。就研究视角而言，有学者以“系统观和可持续发展思想，探讨高水平运动队的内部因素和外部因素”（周文军，2011）；有学者从“主办方-学校、运动队内部交流程序、运动队经费和运动队发展”4个维度进行了SWOT分析，提出运动队的管理和员工的发展是运动队的核心问题（于可红等，2012）；有学者从“运动员、培养可持续发展、能力建设总体水平”（耿立志，2013）等方面进行研究。就运用研究方法而言，研究者们使用了数据包络分析法、层次分析法、系统分析法、模糊评价法、灰色关联法等。研究总结为2个方面。

（1）绩效理论在体育领域的相关研究主要归为2类：一类是竞技体育绩效问题评价，二是优秀运动员培养绩效评价。综合来讲，绩效管

---

〔1〕于振峰，刘峰，史衍．绩效评价视角下我国普通高校篮球高水平运动队评价指标体系的构建研究［J］．西安体育学院学报，2013，30（5）：621－627．

〔2〕耿立志．黑龙江省普通高校运动队可持续发展指标体系研究［J］．当代体育科技，2013，3（10）：102－103，105．

理是对一个系统进行整体性的分析评价，其目的在于达成组织的目标，实现提高组织绩效的目的。所以，绩效管理是手段，绩效评价是过程，而绩效评价后的反馈才是真正的目的。对于同一对象，因为研究视角和方法不同，可能得到的绩效评价体系差异很大。在体育领域，对于绩效理论的实际应用研究还处于起步阶段。

（2）学者们对评价视角的定位主要集中于运动员、教练员、运动队成绩（绩效）、物质条件水平（后勤保障）等指标，且具有共性。但由于研究视角不同，二级指标差异性较大。总体来说，在所有针对评价体系的研究中，有的没有给出详细的指标体系，只是泛泛而谈，认为体育学科的大多研究在评价过程中选取指标时，经常出现指标概念过于宽泛、量化时可操作性不强的现象；有些研究虽然得出较详细的指标体系，但也就仅限于指标体系研究，缺乏对指标体系进一步的实证研究和修改完善过程；大多数研究中指标体系的构建缺乏科学的程序性，对各指标选取缺乏明确的交代。结合起来，这是对国家高水平运动队两次评估的继承和发展，为本研究的开展奠定了良好的基础。

（二）国外相关研究

为了解国外高校培养优秀运动员的现状，以及国外学者对于运动队进行绩效评价的研究情况，本研究以“athlete team/sports team”“assessment/appraise”为关键词搜索 Sport Discus 数据库，针对“高校优秀运动员培养”“高校运动队绩效评价”“高校竞技体育发展策略”3 个主题，查阅了 1984 年至 2014 年 30 年来，国外关于高校竞技体育运动队建设与评价方面的理论与实践研究成果。同时，笔者也整理和分析了我国学者对于国外高校运动队建设方面的相关研究。

1. 有关国外高校优秀运动员培养绩效的研究

国内学者凌平、张柱[1]研究认为，美国大学是竞技体育人才培养的主要基地，该国家参加世界性重大体育赛事的运动员主要来自美国在

〔1〕 凌平，张柱．关于美国高校招收学生运动员管理制度的研究［J］．山东体育学院学报，2002，18（3）：15－19．

校大学生，可以说美国大学是竞技体育开展的成功典范。美国对于高校学生运动员培养，成立了专门的美国大学生体育协会（The National Collegiate Athletic Association，NCAA），负责学生运动员的资格认可、代理范围、学历要求、接触范围以及规格要求等方面工作，并对NCAA开展工作做出了非常详细的行为要求和制度性管理措施，保障其真正达到为国家竞技体育事业发展选拔学生运动员苗子的目的。针对NCAA在日常工作中的执行力和美国高校培养运动员的特点，邹月辉、马颖竹研究认为，美国大学运动队成功的主要经验，是其具有“管理的法制化、培养的专业化、教育的个性化、运作的市场化”[1]等特点，成就了美国高校“体教结合”模式的可持续发展。

苏连勇、赖勤、张立研究发现，“苏联和民主德国是世界公认的体育强国，他们实行的是举国体制，即全国上下一致，以奥运会为最高目标”[2]。苏联自1952年赫尔辛基奥运会第一次在奥运赛场露面到1988年汉城奥运会，共36年里10届奥运会中获得7次金牌总数第一名的惊喜成绩。苏联解体后，占苏联土地面积76%的俄罗斯成为苏联的继承国。潘志琛、郭荣等调研发现，德国竞技体育的发展主要形式是国家政府部门负责经费投入部分，而具体培养优秀运动员则依靠国家体育联合会实施，它们两个部门进行了良好的沟通，保障了德国竞技体育在学校范围内的长期发展。德国学校体育是以俱乐部形式为载体，培养竞技体育优秀运动员人才，在这方面与英国竞技体育事业发展思路非常相似。叶杨研究发现，俄罗斯竞技体育的实力在国际体坛仍是众多国家代表团不能不折服的，俄罗斯培养优秀运动员主要以学校为基地，其依靠“各类青少年体育学校、奥林匹克后备力量专项体校、运动寄宿学校及高级运动技术学校”[3]来实现竞技体育事业的发展。

潘志琛、郭荣等通过对英、法、德、澳四国竞技体育事业发展研究发现，澳大利亚于20世纪80年代以来，国家竞技运动委员会以9所体

〔1〕 邹月辉，马颖竹．美国大学运动队的发展阶段及基本特征［J］．北京体育大学学报，2011，34（10）：99－103．

〔2〕 苏连勇，赖勤，张立．奥运会后的思索［J］．天津体育学院学报，1989（1）：21－26．

〔3〕 叶杨．俄罗斯奥运备战体制的变化及对我们的启示［J］．体育科学，2005，25（12）：69－71，83．

育院校为基础培养优秀运动员人才，对这9所院校运动队的定位就是以参加奥运会及其他重要的体育比赛为目的，并且每所学院每半年向国家竞技运动委员会汇报执行情况。研究认为：澳大利亚学校体育之所以开展良好，其主要原因表现为3个方面，即目标定位准确、以科学化训练为保证、教练员负责全部训练和比赛的工作任务，发挥了教练员和运动员的积极性和主动性。与此相同的研究还有，王丽萍、潘前[1]研究认为，澳大利亚体育学院就是国家的优秀运动员培训基地，常年坚持在训练基地的运动员有700多人，其目的主要是为国家在体育比赛中获得奖牌、争得荣誉。

而法国竞技体育是以政府管理为主，俱乐部承担优秀运动员培养的工作。法国与澳大利亚等国家在竞技体育人才培养方面的不同是建立了运动项目评估体系，通过对运动项目所在单位进行评估，国家重新计划投入经费额度、调整管理领导，通过这些措施实现政府对俱乐部的有效管理。法国体育学院也承担着向国家输送精英运动员和进行文化课学习教育的责任。我国学者钟秉枢[2]通过对法国体育学院实地调研发现：法国体育学院坚持运动成绩和文化课学习双重重视的培养模式是从1985年才开始的，但是到了20世纪90年代法国体育学院培育的运动员就获得了40多枚世界级比赛的奖牌。从历届奥运会奖牌获得情况来看，自1988年汉城奥运会到2008年北京奥运会的20年时间里，法国体育学院培养的运动员就获得过107枚奖牌，受到了法国政府和体育部门的一致好评，为此法国高度重视以体育学院为基地的学校竞技体育事业发展。从参加比赛的运动员文化课学习经历来看，法国体育学院94%以上的运动员接受过普通高中阶段的学习教育，占总人数76%的运动员受到过良好的高等教育，其中75%的运动员接受了职业教育。可见，法国竞技体育发展主要是以该国家体育学院为基础，这样既保证了运动员完成文化课学习的任务，同时基于其接受了较为完整的文化教育，退役就业相对有所保障，又能为国家竞技体育做出很大的贡献。

国外学者有关高校优秀运动员培养绩效的研究，切入点非常细致。

---

[1] 王丽萍，潘前. 美中澳三国运动奖学金管理现状分析［J］. 上海体育学院学报，2011，35（4）：81－84.

[2] 钟秉枢. 法国体院变化的启示［J］. 运动，2011（10）：155－156.

如 Pustovrh 和 Jost[1]关于教练员性别、年龄、擅长项目方面进行探讨；Fox[2]从运动员心理素质方面分析运动员个体心理素质对于整个运动队绩效表现的影响；Surujlal[3]以教练员为视角研究分析了运动队伍中教练员的作用和价值；Fox[4]对运动员心理素质对运动员技术水平的提高程度，以及对于运动队整体绩效水平的影响进行探讨分析等。总之，综合梳理国外有关高校优秀运动员培养绩效的研究，研究者们主要集中在某一个方面，而对于整个运动队绩效问题的研究仍然较少。

2. 有关国外高校竞技体育运动队评价指标体系研究

国内学者关于国外高校竞技体育人才培养的研究表明，当前大多数研究都集中在运动员培养模式、运动员的选拔和输送等方面，而对运动员培养的过程、系统、系统的组成要素及要素间的相互关系研究很少。只有个别研究探讨了某些因素对高校竞技体育发展的影响。比如，蒋玉跃、杨东亚、齐伟[5]就美国高校高水平运动队评价方法和目的的研究，认为：①目前美国关于高校高水平运动队绩效评价的研究主要集中在评价指标体系构建这一环节，且大部分研究采用专家访谈法、德尔菲法、层次分析法、平衡记分卡等来构建指标体系，但是在将设计好的指标体系应用到运动员培养实践操作中的研究较少；②评价不是目的，建设才是根本。由于大多数研究只停留在指标体系研究上，没有深入实践和对指标体系进一步地检验和完善，缺乏运用指标体系评价对高水平运动队发展的建议和规划，因此研究未能实现“以评促建、评建结合”的目的。

综合国外学者对于高校高水平运动队建设评价的研究，主要表现

---

〔1〕 PUSTOVRH J，JOST B. Structural analysis of chosen social value indicators of coaches of different sports [J]. Studies in Physical Culture and Tourism，2011，17 (1)：85 -91.

〔2〕 FOX A. Fear of Failure in the Context of Competitive Sport [J]. Soccer Journal，2008 (12)：24 -28.

〔3〕 SURUJLAL J. Appraising coach performance：A qualitative analysisof coaches' perceptions [J]. African Journal for Physical，Health Education，Recreation and Dance (AJPHERD)，2013，19 (1)：30 -43.

〔4〕 FOX A. Fear of Failure in the Context of Competitive Sport [J]. Soccer Journal，2008 (12)：24 -28.

〔5〕 蒋玉跃，杨东亚，齐伟. 美国竞技体育人才培养模式的文化基因 [J]. 体育文化导刊，2003 (5)：59 -61.

为：不论从研究结果还是从研究过程来看，对高水平运动队的评价研究水平都有质的飞跃。在研究方法上，指标权重的确定方面仍然来自个人经验的专家赋值，缺乏有科学依据和量化精度的数理计算。在研究过程中，由最初的只关注运动员的比赛成绩、设施与经费等“显性指标”，过渡到目前既关注“显性指标”又关注组织文化、组织战略、“运动员的身份或声誉、家庭对运动员的支持”〔1〕、“工作取向、对成功的信念、运动员的个人努力”〔2〕、“比赛过程中运动员的情感”〔3〕等“隐性指标”；从关注人才培养过程到关注绩效结果，将所有因素统一到组织的核心竞争力和组织战略上来。可见，对高水平运动队的评价研究已经实现了从零散、经验化到系统化、科学化的理性回归。如 Pustovrh 和 Jost〔4〕关于教练员性别、年龄、擅长项目对运动员培养实践效果影响的研究，Corrion、Long、Smith 等〔5〕对运动员道德的研究和 Fox〔6〕对运动员心理素质的研究。

Surujlal〔7〕通过深度对教练员评价进行访谈等质性研究认为，教练员对任何一个团队和运动员的整体绩效都非常关键，因此对教练员的绩效管理和评价对体育运动的成功非常重要。在具体的评价过程中要考虑评价过程的控制，包括评价标准、评价后反馈、评价目的、评价者的期望值等方面。综合以往的研究，学者们认为“教练员的评价都是

---

〔1〕 FINDLAY L C, STE－MARIE D M. A Reputation Bias in Figure Skating Judging [J]. Joural of Sport & Exercise Psychology, 2004 (6): 154－166.

〔2〕 VAN－YPEREN N W, DYDA J L. Goal orientation, beliefs about success, and performance improvement among young elite Ditch Soccer play [J]. Scandinavian Journal of Medicine & Science in Sports, 1999 (9): 358－364.

〔3〕 LANE A M, BEEDIE C J, JONES M V, et al. The Bases Expert Statement on emotion regulation in sport [J]. Journal of Sport Sciences, 2012, 30 (11): 1189－1195.

〔4〕 PUSTOVRH J, JOST B. Structural analysis of chosen social value indicators of coaches of different sports [J]. Studies in physical culture and tourism, 2011, 17 (1): 85－91.

〔5〕 CORRION K, LONG T, SMITH A L, et al. “It's Not My Fault; it's not serious”: Athlete Accounts of Moral Disengagement in Competitive Sport [J]. The Sport Psychologist, 2009 (23): 388－404.

〔6〕 FOX A. Fear of Failure in the Context of Competitive Sport [J]. Soccer Journal, 2008 (12): 24－28.

〔7〕 SURUJLAL J. Appraising coach performance: A qualitative analysisof coaches' perceptions [J]. African Journal for Physical, Health Education, Recreation and Dance (AJPHERD), 2013, 19 (1): 30－43.

评价者做出的，这个过程往往忽略了教练员自己的声音”[1]，O'Boyle[2]运用360度反馈评价法（360-degree feedback）探讨了运动员培养实践中有关教练员的评价，并认为“完整的运动员评价过程将综合考虑相关部门的组织协调、竞赛组织、运动员个人、教练员的执教能力、运动员父母的意愿，以及对发起比赛的相关人员和参观比赛的球迷进行调查，通过对调查结果进行评价反馈给评价对象，然后再对教练员做出综合绩效评价”。

Neil、Lain、Richard[3]通过访谈法和问卷调查法，针对运动员竞技成绩的决定因素进行了研究，发现：运动员个人的竞赛成绩受运动员的自我认知水平、管理者的水平、目标设定、退役就业等几个主要方面的影响。其中，研究综合指出，“运动员个人对于运动成绩的分析态度”对其运动成绩具有非常重要的作用。

Lago-Ballesteros、Lago-Peoas[4]通过大量的数据调查统计分析，以足球队为例探讨了一个运动队绩效表现的决定因素，包括：运动员身体条件、技术能力、执行战术的能力、赛前状态的调整能力，教练员的执教能力，球队的管理等。

综上研究，我们可以发现：第一，当前我国学术界对于国外高校高水平运动队评价的研究相对薄弱，并对评价重要性的认识仍处于初级阶段；第二，国外学术界对高校高水平运动队建设绩效研究仅停留在“显性”层面，而对暂未暴露出来的深层面问题认识不足，从而在解决存在的问题时出现局部“疗法”现象，未能从整体上对高水平运动队绩效改进提出切实可行的对策；第三，从国外研究者选取的评价指标来看，研究仍主要集中在构成运动队的2个主要要素方面，即主体和客体（人

〔1〕 O'BOYLE I. Determining Best Practice in Performance Monitoring and Evaluation of Sport Coaches: Lessons from the TraditionalBusiness Environment [J]. International Journal of Sports Science & Coaching Volume, 2014, 9 (1): 233-247.

〔2〕 O'BOYLE I. Determining Best Practice in Performance Monitoring and Evaluation of Sport Coaches: Lessons from the TraditionalBusiness Environment [J]. International Journal of Sports Science & Coaching Volume, 2014, 9 (1): 233-247.

〔3〕 NEIL J V W, LAIN A G, RICHARD C T. Athlete perceptions of the impacts of performance profiling [J]. International Journal of Sport and Exercise Psychology, 2011, 9 (2): 173-188.

〔4〕 LAGO-BALLESTEROS J, LAGO-PEOAS C. Performance in team sports: Identifying the keys to success in soccer [J]. Journal of Human Kinetics, 2010, 25: 85-91.

和物）2 个方面。

3. 有关绩效理论知识在国外高校竞技体育领域研究的运用

笔者查阅中国知网 1979—2014 年近 35 年的文献发现，至今没有我国研究者对国外高校竞技体育运用绩效理论知识进行评价的研究。国外体育学术界将绩效理论知识运用于体育课题研究较多，通过对相关文献整理发现，国外学者在研究体育绩效问题时非常细致，主要表现在对某一个“点”的探讨分析，而相对于整个高校竞技体育运动队绩效研究比较少。综合来看，绩效理论知识和方法对于解决体育领域问题，在国外学术界较为常见。

Beedie、Terry、Lane[1]研究运动队绩效问题时采用元分析（meta-analysis）方法，基于大量的观测数据统计处理，对运动员的情绪状态同比赛成绩的关系进行了系统的定量研究。研究发现运动员的训练动机、训练积极性和心情愉悦程度对运动成绩具有非常重要的影响。

Harvey、Gushionb、Heidi 等[2]运用领会教学法（teaching games for understanding）研究美国高中学生足球队的绩效问题，并通过定量和定性相结合的方法探讨了领会教学法对于一个运动队绩效表现的影响。

O'Boyle[3]运用绩效 360 度反馈评价法和传统评价法两种不同的方法，评价教练员的执教能力、整个运动队的绩效表现，结果发现绩效 360 度反馈评价法优于传统评价法。研究同时认为，教练员执教能力的评价是整个运动队绩效评价的关键组成部分。

综合上述文献研究，发现国外学者有关绩效理论知识体系对于高校优秀运动员培养的研究，主要集中于微观层面的细致研究。相关研

[1] BEEDIE C J, TERRY P C, LANE A M. The profile of mood states and athletic performance: Two meta-analyses [J]. Journal of Applied Sport Psychology, 2000, 12 (1): 49-68.

[2] HARVEY S, CUSHIONB C J, HEIDI M, et al. Massa-Gonzalezc. Teaching games for understanding in American high-school soccer: a quantitative data analysis using the game performance assessment instrument [J]. Physical Education and Sport Pedagogy, 2010, 15 (1): 29-54.

[3] O'BOYLE I. Determining best practice in performance monitoring and evaluation of sport coaches: Lessons from the traditional business environment [J]. International Journal of Sports Science and Coaching, 2014, 9 (1): 233-247.

究中，他们较多地应用了绩效评价方法，诸如元分析、绩效360度反馈评价法、关键绩效指标法等方法，很好地分析了相关主题的绩效问题。

（三）文献述评

纵观国内外相关文献研究，笔者发现高校优秀运动员培养，乃至于高校高水平运动队建设的绩效问题，近年来一直是国内外学术界和教育界关注的热点。

我国普通高校高水平运动队的绩效评价理论研究还处于起步阶段，基于文献发现，由于评价体系的缺失，此项工作的滞后给普通高校高水平运动队发展带来一定的影响。我国对高水平运动队评价和绩效评价的研究基本集中在近10年以内，这说明在国家对高水平运动队两次评估之后，学者们开始对两次评估中的有些问题进行反思。有学者认为“教育部于2005年和2010年组织了两次高水平运动队评估，但评估的科学性、合理性尚显欠缺”[1]。国内研究者开始探索如何构建一套公平合理的高水平运动队评价体系。综合国内学术界的有关研究，普通高校高水平运动队的评价指标体系的研究大都从运动队的主观因素和客观因素2个方面来探讨。但是现有文献的研究对问题的分析多呈现于某一个方面的考究，而对于整个队伍的绩效制约因素全方位的分析并不多见。

综合分析国外学者自2000年以来有关高校优秀运动员培养绩效方面的研究，发现国外主要集中于运动员、运动队构成要素的某一个方面进行细致的研究探讨。诸如以运动员的心理素质、道德、自我认知与运动队的目标定位等为视角，研究分析整个运动队的绩效问题。建立在上述相关文献的基础上，本研究针对我国普通高校高水平运动队绩效现状、运动队构成要素及要素之间的相互关系、高水平运动队绩效评价指标体系构建，以及高水平运动队绩效改进策略进行探讨，这将在后面章节中展开。

---

〔1〕 周建梅，张志华，卫晓飞，等. 我国普通高校网球项目高水平运动队评估指标体系研究［J］. 北京体育大学学报，2013，36（2）：105－109.

三、研究目标与内容

（一）研究目标

本研究的目标主要有3个。第一，本研究通过国内外优秀运动员培养方面的相关文献，综合分析优秀运动员培养系统构成要素。在此基础上，构建我国普通高校高水平运动队系统模型。第二，建立在高水平运动队系统模型的基础上，结合国家有关高水平运动队建设文件政策、国内外学校运动队评价指标，形成我国普通高校高水平运动队评价指标体系，并确定指标间相关程度。第三，以构建评价指标体系为目标，调查分析我国普通高校高水平运动队办队现状，分析办队绩效问题。运用数理统计方法执果索因，分析影响绩效的内外部原因，找出其中最根本的原因。基于此绩效现状产生的原因对症下药，探索提出相应的绩效干预措施和具体方案。

（二）研究内容

本研究的内容主要有以下4个方面。

第一，分析普通高校高水平运动队的建设现状，诊断绩效问题。绩效分析又叫前端分析，它通过收集工作场中与工作绩效有关的信息和数据，明确组织存在的绩效差距，并找出导致该差距的根本原因，从而为开展下一阶段的绩效改进奠定基础。这部分为本研究的绩效分析阶段，主要分析当前我国普通高校高水平运动队存在的绩效差距以及导致该差距的根本原因。针对高水平运动队建设中的几个关键问题，即建设规模、运行模式、运动员、教练员、管理员及物质条件等，通过大量的文献研究，结合问卷调查（运动员、教练员和管理人员）、访谈等方法，确定当前确实存在项目设置较全但比例不均、运动员学训矛盾突出、教练员知识结构有待完善等问题。这些问题严重影响了高水平运动队优秀运动员的培养绩效。

第二，构建普通高校高水平运动队绩效评价指标体系。首先，通过文献研究、专家问卷调查和逻辑推理，筛选出我国普通高校高水平运动队的主要影响因素，从学理的角度构建一套我国普通高校高水平运动队评价指标体系，并构建普通高校高水平运动员培养的过程模型。对初步构建的系统模型，使用德尔菲法对有关竞技体育研究专家进行多轮咨询，汇总专家意见并修改完善该框架。这是开展后续研究的前提和基础。其次，运用问卷法对我国普通高校高水平运动队进行影响因子抽样调查，分析该培养过程系统模型中各要素的重要程度。结合大量访谈和数理统计，确定其影响因子在高水平运动队建设和运动员人才培养过程系统模型中的重要程度。

第三，运用绩效评价指标体系对高水平运动队进行绩效评价。我国竞技体育“院校化”模式下高水平运动队的创办有 2 个初衷：一是培养具有较高文化素质的优秀运动员；二是为退役运动员提供深造的机会。因此，本研究将从优秀运动员的培养和运动员的退役就业两方面来考查高水平运动队的绩效。基于主成分分析构建高水平运动队绩效评价指标体系，对高水平运动队进行综合绩效评价。

第四，提出高水平运动队绩效改进的干预措施。干预措施是指为了提升组织绩效，对绩效改进的活动的设想与规划。它针对前期绩效分析所得出的结论及导致绩效问题的根本原因，通过不断分析、设计而形成一套综合性的方案。本研究通过绩效分析，确定高水平运动队的建设在运动员、教练员、管理人员和物质条件等方面都存在问题，根据产生问题的根本原因，对这些方面进行了优化与控制，并提出了较为详细的绩效改进思路、策略和具体方案。

四、研究思路与方法

（一）研究思路

基于上述研究内容，本研究按照以下过程展开。

第一，前期调研，确定问题。通过文献调研我国普通高校高水平运动队的相关情况，结合网络调查，访谈国内竞技体育领域专家、在校生和毕业生等，确定对我国普通高校高水平运动队进行绩效分析的重要性和必要性。

第二，分析高水平运动队建设的现状。从建设规模、建设特点、运行模式、运动员、教练员、管理人员和物质条件等方面分析当前普通高校高水平运动队建设的特点、成功之处及存在的问题，为后期开展绩效评价提供参照。

第三，构建高水平运动队的绩效评价模型。根据前文所述，对高水平运动队的绩效评价主要从优秀运动员的培养和退役就业 2 个方面来展开。明确优秀运动员的培养系统或过程，厘清影响该系统或过程的因素及因素间的关系是开展后续评价的前提。所以，本研究首先通过文献研究、逻辑推理分析影响我国优秀运动员培养过程的要素，从学理的角度构建一套我国优秀运动员培养过程的系统模型。使用德尔菲法对初步构建的系统模型进行多轮咨询，并根据专家意见修改完善该框架。这是开展后续研究的基础，也是分析各类院校优秀运动员培养过程绩效问题的参照。另外，通过问卷调查和访谈高水平运动队的教练员、运动员和管理人员，并通过数理统计，确定优秀运动员培养过程系统模型中各要素的重要性。

第四，参照模型，确定绩效问题及原因。为了诊断实践中优秀运动员培养过程中存在的实际问题，并且考虑到研究的可行性和研究结论的信度和效度，本研究在整体调查分析的基础上，采用分层随机抽样的方法，在全国选取了 30 所院校，通过网络调研、问卷调查和访谈等方法，确定绩效问题，分析产生绩效问题的根本原因。

第五，制定绩效改进方案，提出改进策略。针对绩效问题的性质和产生问题的根本原因，对症下药，通过进一步研究，提出改进我国普通高校高水平运动队绩效的思路、策略和具体方案。具体实施过程和技术路线如图 1 所示。

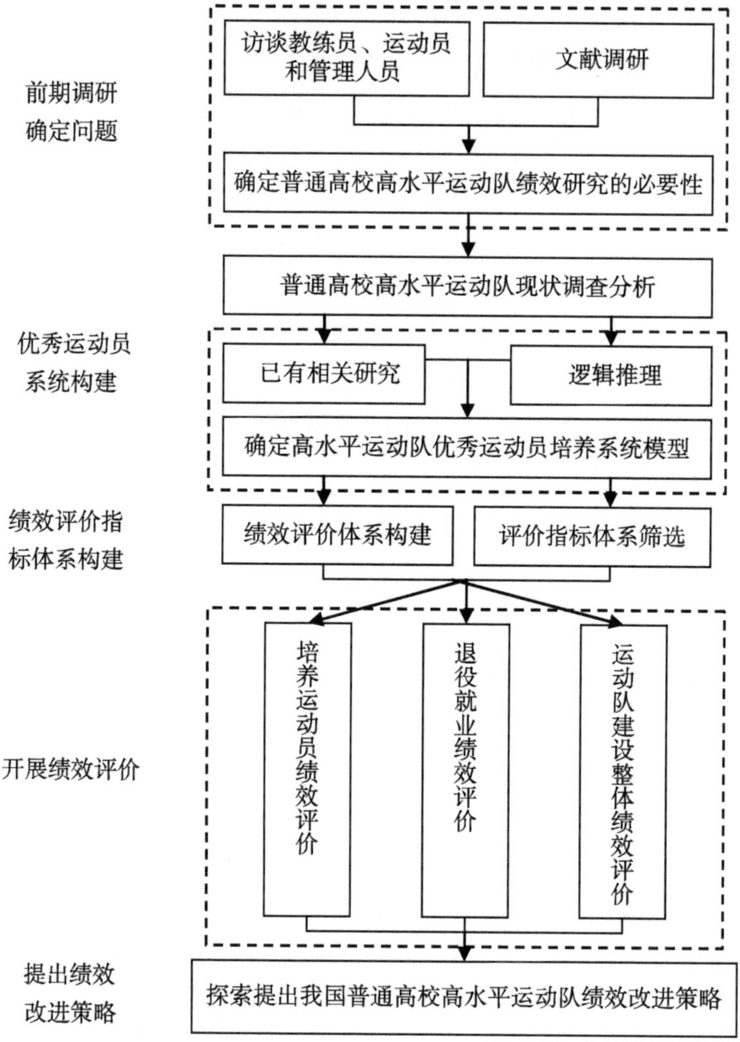

图1　本研究的实施过程和技术路线

（二）研究方法

本研究综合使用了多种研究方法，主要包括文献研究法、问卷调查法、数理统计法、案例分析法、访谈法、德尔菲法、层次分析法等方法。

1. 文献研究法

研究首先通过大量的相关文献资料，梳理了自我国普通高校高水平运动队创办到2014年近27年来建设的现状、存在的问题以及改进对策等相关研究，确定了本研究的问题；其次，查阅了近10年来国外大学竞技体育及优秀运动员培养的研究，并对国外评价高校优秀运动员培养及其效果的相关著作、学位论文、学术期刊、会议论文和新闻报道进行分析，这为开展后续研究奠定了基础；最后，在文献的基础上，确定我国普通高校高水平运动队的系统模型及绩效评价指标体系。文献研究的结果为本研究从内容和方法上提供了重要指导。

2. 问卷调查法

针对研究问题，本研究共设计了5套问卷。就我国普通高校高水平运动队建设及优秀运动员培养过程的现状及存在的问题，设计了针对运动员、教练员、管理人员和专家的4套问卷，内容详见附录3至附录6；为筛选绩效评价体系指标，设计了《我国普通高校高水平运动队绩效评价指标体系构建》的专家问卷，问卷内容详见附录2。本研究对象为我国普通高校高水平运动队建设中的绩效问题。针对问题，本研究使用了分层随机抽样的方法，从全国抽取了30支普通高校高水平运动队作为调查对象。

具体抽样过程为：据国家招生考试网统计，截至2013年10月，我国30个省（区、市）的275所普通高校具有2014年高水平运动员招收资格。为了保证本研究的典型性、代表性以及研究效度，本研究针对275所高校采用了分区域随机抽样的方法。以全国7个行政区域，即华北地区、东北地区、华东地区、华南地区、西北地区、华中地区和西南地区为基础，每个地区选择1～3个省（区、市），每个省（区、市）分别随机选择2所普通高校，共计30支普通高校的高水平运动队作为调查对象。本研究的调查对象详见表1。

表 1　调查对象的基本情况统计表

分布区域	所在省（区、市）	普通高校高水平运动队
华北地区	北京	清华大学，北京师范大学
	内蒙古	内蒙古师范大学，内蒙古科技大学
东北地区	辽宁	辽宁师范大学，沈阳建筑大学
	吉林	吉林大学，东北师范大学
华东地区	上海	上海大学，上海财经大学
	山东	山东理工大学，山东农业大学
	福建	厦门大学，集美大学
华南地区	广东	华南理工大学，华南师范大学
	广西	广西师范大学，广西民族大学
西北地区	陕西	陕西师范大学，西安建筑科技大学
	宁夏	宁夏大学，北方民族大学
	青海	青海师范大学，青海民族大学
华中地区	湖北	华中师范大学，武汉理工大学
西南地区	重庆	重庆师范大学，重庆邮电大学
	四川	西南大学，成都学院

问卷的发放与回收主要通过 3 种方式：一是亲临现场发放，现场作答，现场回收；二是对于不能到达现场的，采取邮递方式进行调查；三是借助信息化的手段，采用电子邮件和网络语音聊天软件（MSN、QQ 等）进行调查，并对问卷的科学性进行检验。

（1）问卷的效度检验（validity test）。本研究使用专家打分进行检测，方法是从同一调查对象中抽取两套测题，对这两套测题进行内容相关系数的统计处理，然后用其相关系数的值来判断其效度。如果相关系数较小，说明两组中至少有一组的内容效度比较低。对问卷内容中的各大问题及其范围定量评定（评分），使用 5 级计分制办法对所调查问题进行赋值，发放给 15 位评审专家打分，最后求出全部专家的总平均效度分数，将平均效度分在 4 分以上的问题编制为问卷调查内容，提高效度评价的可靠性和客观性。

（2）问卷的信度检验（reliability test）。信度是对测评对象的评价结果进行判断的方法，主要是评价测评结果的真实性、稳定性，以及在实际应用中的可靠程度。常用信度检验是由对目标主题内部一致性高低的检测来评判的。由于本研究调查对象分布范围广泛、涉及人员较为复杂，所以对于问卷的信度检验使用分半法，将统一调查问卷分成相同的2个部分，计算2个部分得分的简单相关系数 r，分半信度为 $R=2r\div(1+r)$，求得内部一致性系数进行判断，较好地避免了问卷发放与回收工作中存在的困难。

3. 数理统计法

基于MATLAB和SPSS 19.0统计软件，对收集数据进行问卷的信效度分析、指标独立性检验、相关性检验、多元线性回归分析等数理统计验证，并建立预期的我国普通高校高水平运动队绩效评价指标体系。为检验该体系的可靠性，进行相关因子的拟合度检验，为本研究提供了可行的数理统计学支持。

MATLAB软件包是美国MathWorks公司为了学术研究、实际工作需要研究设计的一个对于非线性动态评价目标进行数值计算、仿真建模、科学预测、系统处理等功能的集成体。该软件是当今国际认可的数理统计软件，受到了国际、国内科学研究者们的高度评价，并将其应用于学术研究实践中，取得了良好的效果。

4. 案例研究法

我国普通高校高水平运动队在建队要素和人才培养过程中虽具有共同点，但由于各院校在建队目标愿望、培养目标、培养方式、培养过程以及培养监控等方面存在较大差异性，高水平运动队发展和运动员培养绩效存在不同程度的差距。因此，本研究通过对相关院校的高水平运动队进行现状调查，对具有明显差别的个别院校进行个案分析，对比分析这些院校在高水平运动队建设方面存在的绩效问题，以及出现差异的原因。

5. 访谈法

为了弥补文献研究和问卷调查研究的不足，在研究过程中笔者通过面谈、电话访谈与电子邮件等相结合的形式访谈了大量优秀运动员培养的相关人士。访谈对象包括4类人群：一是竞技体育领域的专家和实践人员，以期了解他们对优秀运动员培养的最新研究动态和见解；二是教练员，这类人员是优秀运动员培养过程的重要组成要素，他们直接参与和经历了人才培养的全过程，因此，他们的现身说法非常具有参考价值；三是主要负责人和管理人员，这类人员虽然没有直接参与优秀运动员的培养，但是他们承担对整个人才培养过程进行宏观调控并及时协调各种关系的主要工作任务，这类人员对人才培养过程的见解会为我们提供思路；四是一些已毕业或在校的优秀运动员，通过访谈了解他们对人才培养过程的满意度及改进建议。

6. 德尔菲法

本研究运用德尔菲法进行我国普通高校高水平运动队绩效评价指标筛选。在参考《基于 DEA 与 AHP 方法的中小企业绩效评价模型》〔1〕、《基于 EVA 的商业银行绩效评价研究》〔2〕、《新疆兵团农地利用的绩效评价》〔3〕、《陕西科技资源统筹工程绩效评价研究》〔4〕、《基于平衡计分卡的民航监管局安全监管绩效评价模型研究》〔5〕等文献的基础上，通过文献研究，初步确定我国普通高校高水平运动队评价指标体系，针对该指标体系及指标的重要性，结合我国普通高校高水平运动队建设现状，构建高水平运动队绩效评价指标体系初稿，然后运用德尔菲法对指标进行筛选。选取高水平运动队研究和实践领域的专家，重复两轮专家问卷形式的指标筛选咨询，直到指标体系基本稳定。汇总专家意见并修改完善评价指标体系，最终确定绩效评价指标体系的框架。

---

〔1〕 刘贵清. 基于 DEA 与 AHP 方法的中小企业绩效评价模型［J］. 统计与决策，2013（14）：173－175.

〔2〕 王晓亮，郭拥莉. 基于 EVA 的商业银行绩效评价研究［J］. 晋中学院学报，2013，30（4）：30－34.

〔3〕 郭永奇. 新疆兵团农地利用的绩效评价［J］. 国土与自然资源研究，2013（4）：34－37.

〔4〕 王景荣，徐英. 陕西科技资源统筹工程绩效评价研究［J］. 科技进步与对策，2013，30（16）：118－124.

〔5〕 王永刚，林智潇，陈道刚，等. 基于平衡计分卡的民航监管局安全监管绩效评价模型研究［J］. 安全与环境工程，2013，20（4）：131－135.

7. 层次分析法

层次分析法[1]（Analytic Hierarchy Process，AHP）是绩效研究中常用的一种分析方法。为了解决现实问题中存在定性和定量相结合这一现象，美国运筹学专家Saaty教授于20世纪70年代提出了将复杂问题分解处理的方法。将复杂的巨系统依据其理论层面的逻辑关系分解成不同的层次关系，然后按照层次关系确定它们的隶属度和关系，再对每个层次的代表性指标进行赋值计算。获得计算结果后，仍然需要对其结果进行检验，直至符合其真实存在的状况，完成从定性到定量的过渡，然后由下至上、由局部到整体逐步对各层因素进行评价，以定量形式给出准确的排序结论，从而解决复杂系统问题。本研究中，通过对大量相关优秀运动员培养、高水平运动队建设方面的文献梳理，构建高水平运动队优秀运动员培养模型。基于此模型，建立普通高校高水平运动队绩效评价指标体系，然后运用相关数理分析方法进行统计分析。具体流程如图2所示[2]。

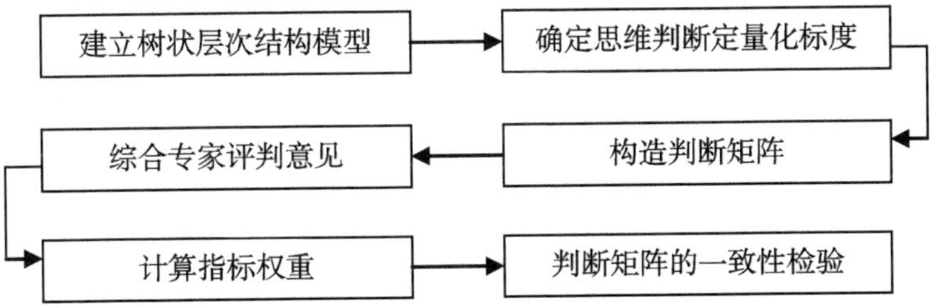

图2　层次分析法工作流程图

五、相关概念释义

（一）普通高等院校

普通高等院校，简称“普通高校”，是指按照教育部规定的统一设

[1] 冯丽丽. 基于AHP的基层审计机关绩效评价体系的构建［J］. 中小企业管理与科技，2013（8）：62－63.

[2] 张舒扬. 高校高水平运动队绩效评价体系构建的研究——以山西省为例［D］. 太原：山西大学，2007：15.

置标准和相应的审批程序批准举办的具有高等学历授予权力的教育机构，凡进入普通高校学习的学生必须通过国家统一招生考试形式录取（统招生），招生对象主要来自已经具有普通高中学习经历或具备相应学习程度的人员，对他们实施普通高等教育，是对全日制大学、相关专业的学院、职业技术学院、高等专科学校的总称。据教育部2014年统计[1]可知，我国拥有普通高校的数量为：本科院校1 145所（其中独立学院303所）；高职（专科）院校1 297所；其他机构（点）（不计校数）36所；具有招收高水平运动员的普通高校275所。

（二）高水平运动员

"运动员""优秀运动员""高水平运动员"是3个密切相关的概念，这里有必要对它们进行辨析。

对"运动员"的定义主要有2个版本：《体育百科大全》[2]中将其解释为："运动员"属于体育学科的特有名词，指以参加竞技赛事为目的，长期接受体育锻炼的人员。他们在身体素质、技术水平、心理素质等方面，通过长期严格的训练后达到最佳的竞技状态，实现参加比赛、创造优异成绩的最终目的。《体育大辞典》[3]中对"运动员"的界定为：为参加竞技体育比赛长期进行严格、系统、科学的运动训练，掌握精湛的运动项目技术、战术和心理素质品质，以在国内外重大比赛中获得优异成绩为目标的群体。而"优秀运动员"一词，长期以来频繁出现在书籍、报纸、报告、文章等各种资料中，但对其概念的解释，笔者查阅了大量文献，都没有确切的定义，相对优秀运动员培养研究很少。仅陈书睿在《优秀运动员社会责任的法学分析》中将其解释为"优秀运动员一般指各省、区、市（包括各地市）高水平运动队正式在编享受体育津贴奖金制的在役运动员"[4]。

教育部对"高水平运动员"界定为：①普通高中毕业或中等教育

---

〔1〕 教育部．各级各类学校校数、教职工、专任教师情况［EB/OL］．http：//www. moe. edu. cn/publicfiles/business/htmlfiles/moe/s7567/201309/156899. html.

〔2〕 吴兆祥．体育百科大全［M］．合肥：安徽人民出版社，1998.

〔3〕 陈安槐，陈荫生．体育大辞典［M］．上海：上海辞书出版社，2000.

〔4〕 陈书睿．优秀运动员社会责任的法学分析［J］．天津体育学院学报，2011，26（1）：54－57.

毕业的人员，其在获得相应毕业证书以前获得体育项目国家二级运动员证书，且其在校期间参加该项目的体育比赛获得省级或省级以上比赛前六名的主力队员；②具有高级中等教育毕业的同等学力人员，须达到相应项目国家一级运动员水平且获证书，或近3年内在全国（或国际）集体项目比赛中获得前八名的主力队员。

当前，我国普通高校高水平运动员招生和体育院校单独招录体育特长生的基本条件为国家二级运动员，并且高水平运动员和体育特长生的招收目的都是为国家竞技体育储备优秀运动员。

（三）绩　效

绩效（performance）的概念是由美国管理学家奥布里·丹尼尔斯（Aubrey Daniels）于20世纪70年代提出的，最初的意思是通过改变员工的行为而提高企业的绩效。

绩效概念有3种解释：①绩效是工作的结果；②绩效是对结果有影响的行为和熟练程度；③绩效是员工的素质[1]。

绩效评价，是指运用数理统计方法和运筹学原理，通过特定的指标体系对组织的运行效果进行分析和评价，做出客观、公正和准确的综合评判，并找到问题和产生问题的原因，设计、开发、实施、管理和评价干预方案来改进组织绩效的活动。

近年来，绩效是企业界各组织热议的话题，它也逐渐被引入其他领域。绩效是指效率、效益、有效性。绩效与人的行为和活动密切相关，是指由行为付出而引发的有价值的成就[2]，它包括行为和成就（效益）2个主要成分，涉及个人、流程（部门）和组织3个层次。绩效改进是以提高组织绩效为目标，将问题解决的方法与程序系统化。它以系统论为理论基础，遵循系统方法；以结果为导向，运用执果索因和对症下药的方法解决问题[3]。绩效评价的主要目的是对评价对象的经济性、效率性和效果性进行评价，增强绩效的管理并提出改善建议，使其有更

[1] 华通咨询. 绩效优化［M］. 北京：清华大学出版社，2012.

[2] HAROLD D S，RICA J K. Handbook of Human Performance Technology［M］. 2rd ed. San Francisco：Jossey－Bass Preiffer，1999.

[3] 刘美凤，方圆媛. 绩效改进［M］. 北京：北京大学出版社，2011.

高的绩效表现[1]。

绩效管理在西方的发展，已经经历了以财务控制为主、注重产品质量和客户服务、注重无形资产和注重企业价值实现的 4 个阶段。这 4 个阶段大致时间分布如图 3 所示[2]。

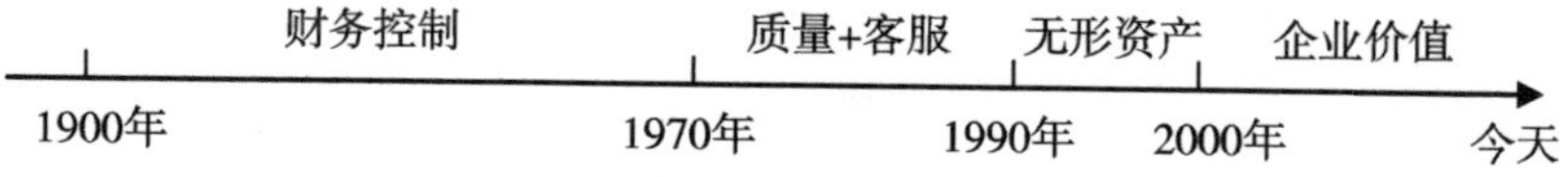

图 3　西方绩效管理发展历程

（四）绩效评价

绩效评价（performance appraisal）[3]，是评价主体依据工作目标或一定的绩效标准，对参与该项工作人员的发展情况、工作表现和任务完成状况使用科学有效的评价手段，进行科学合理的评判，并将评判结果反馈给被评价对象的过程。其目的是提高员工的工作积极性、主动性，从长远角度出发是为了每个员工的个人发展和完成工作的效益。绩效具有明显的多样性、多维性与动态性，这就决定了绩效评价的丰富性。任何绩效评价都包括 4 个过程[4]：①确立评价要实现的目标，选取评价对象；②评价指标、评价方法、评价标准的确定；③评价对象现状数据的收集；④运用相关手段分析，形成价值判断。

---

〔1〕 吴俊芳，刘泉水，李绍成，等. 高校竞技体育绩效评价标准的构建［J］. 甘肃科技纵横，2012，41（6）：138－140，12.

〔2〕 华通咨询. 绩效优化［M］. 北京：清华大学出版社，2012.

〔3〕 王海燕，姚小远. 绩效管理［M］. 北京：清华大学出版社，2012.

〔4〕 方振邦，罗海元. 战略性绩效管理［M］. 3 版. 北京：中国人民大学出版社，2013.

第一章 我国普通高校高水平运动队绩效评价的理论基础

理论解析是理想中的普通高校高水平运动员培养与现实状态相结合的必然过程，高水平运动队绩效评价的最终目的在于对其创办绩效的改进和提高。普通高校高水平运动队是由运动员、教练员、管理人员和场地器材等构成的一种有组织的教育与训练活动，其发展过程受到国家政治、经济、文化和科技等外部环境因素的制约和影响。本章是在前面对国内外高校建立运动队培养优秀运动员的发展现状、普通高校高水平运动队评价指标体系、普通高校高水平运动队绩效评价等方面文献的梳理分析的基础之上，构建我国普通高校高水平运动队绩效评价指标体系理论，并设计实施评价过程方案。

一、普通高校高水平运动员培养系统模型构建

高水平运动员培养过程，其实是教育系统的一个分支。然而教育系统相关理论也能够较好地阐释高水平运动员培养过程。顾明远认为：教育系统指为了实现一定的教育目的，达到相应的教育、教学效果而形成的人力、物力和财力的组织整体[1]。其具体可分为教育目的、教育内容、教育方法、教育活动、教育媒体、教育设施、教育环境、学生、教师、教学管理人员等要素。除此之外，教育系统还受一定社会的政治、经济、科学技术以及文化等因素的影响。循此，高水平运动员培养是许多环节、多种因素相互作用的复杂系统，并且这些因素之间相互影响、共同作用。

〔1〕 顾明远. 教育大辞典：增订合编本［M］. 上海：上海教育出版社，1998.

普通高校高水平运动队是由具有体育特长的在校大学生、教练员和管理者构成的一个团体，其目的是在完成文化课学习任务的前提下提高运动技术水平，为国家培养具有较高文化素质的优秀运动员人才。这一培养过程其实是实现培养目标、贯彻实施国家教育理念的教育活动。据此，高水平运动队也是一个教育系统。

（一）高水平运动队系统模型构建

“系统”一词来源于希腊文，拉丁文为“System”，其最初的含义是表示“放在一起的一个复合整体”。

对其概念的界定，国内外诸多学者进行了较多研究，并从不同视角给出了多种定义。如系统论的创始人加拿大籍奥地利理论生物学家路德维希·冯·贝塔朗菲（L. V. Bertalanffy）将其定义为“系统是处于一定相互关系中并与环境发生关系的各组成部分（要素）的总体（总集）”[1]，“处于相互作用中的要素的复合体（complex）”。韦氏大辞典对系统的定义是：“有组织的或被组织化的整体；由有规划的相互作用、相互依存的形式组成的诸要素的集合。”日本的 JIS 工业标准中对其解释为：系统是由许多构成要素按照一定的规则保持着的有机秩序的综合体。我国著名学者钱学森将系统的概念总结为：“由相互作用和相互依赖的若干组成部分结合成的具有特定功能的有机整体。”苗东升将系统的定义概括为“两个以上的事物或对象相互关联而形成的统一体”[2]。

国内学者王海燕、姚小远认为[3]，对于一个系统的绩效评价和管理不应该是单次性的和独立性的测评过程，而应该是由实施主体的计划、测量评价过程、评价结果验证和绩效反馈等环节构成的一个系统性工作。绩效评价是指对目标系统成绩或结果的测评，是为了实现预定的目的，运用特定的标准和指标，采取科学有效的方法，对参与其系统运行过程及结果做出判断的过程。

综合上述对系统概念的各种定义可知，系统具有多元性、相关

---

〔1〕 谭璐，姜璐．系统科学导论［M］．北京：北京师范大学出版社，2009.
〔2〕 苗东升．系统科学大学讲稿［M］．北京：中国人民大学出版社，2007.
〔3〕 王海燕，姚小远．绩效管理［M］．北京：清华大学出版社，2012.

性、统一性、整体性的基本特征。构成系统的必要条件基本有以下4个：①从系统的构成形式来讲，一般系统的要素大都由两个或者两个以上的事物组合而成，这些要素存在的基础条件是遵照特定的秩序和方式；②由于构成系统的相关要素之间存在着一定的依赖制约关系，为此任何一个要素的行为和性质一旦发生变化，则会影响系统的其他要素的变化甚至是整个系统行为和性质都相应发生变化；③系统整体功能的表现并非是单个要素的表现，也不是组成要素功能和行为的简单叠加，而是构成系统的整个要素之间通过特定组合方式、一定的相互作用而形成的综合行为表现；④每个系统都有它的生存环境，并将与其生存环境不断地发生物质交换和信息沟通。基于普通高校高水平运动队的机体构成，无可非议地可以认为其是一个系统，当我们运用绩效技术探讨其办队效益时，构成绩效的相关因素组合在一起就是绩效系统。

1. 高水平运动员培养系统要素

学术界有关优秀运动员培养系统的研究为我们提供了启发。早期的研究，如王忠信[1]从运动员的培养过程出发，将人才培养分为选材阶段、培养阶段和竞赛阶段，并认为优秀运动员培养系统由运动员、教练员、管理体制、资金、器材设备等组成。这些基础的构成要素包括选材过程、训练实施、竞赛组织和精神意志品质等，他还认为该系统由若干子系统组成，主要包括选材子系统、运动子系统、教练员子系统、竞赛子系统和其他子系统。更进一步地，他还探讨了每一个子系统的构成，其中，选材子系统应该考虑身体形态指标、心理素质承受力、意志品质强弱、运动技术基础，乃至选材对象的个人遗传因素等。

王卫东[2]从运动员成长的过程出发，将运动员的培养分为运动竞技状态形成阶段、竞技状态保持阶段、竞技状态消失阶段，还以运动员为准，构建了一套影响运动员各发展阶段的要素模型。运动员成长受运动员、教练员、运动项目、环境和机遇的影响。运动员应考虑形态发

〔1〕 王忠信. 试论优秀运动员的系统设计［J］. 湖北体育科技，1982（4）：68－73.

〔2〕 王卫东. 用系统论观点试析运动员的成长过程［J］. 体育科学，1984（4）：45－50.

育、身体素质、心理特点、生理特点、智力水平、道德意识、健康状况、技术状况及其他；教练员应考虑识才、育才、能力、自身结构状况及其他；运动项目需考虑自身特点、演变状况及其他。综合有关运动员培养系统早期的研究，可以简单地将其研究成果总结为表2。

表2　优秀运动员培养系统的代表性研究

研究者	因素	优秀运动员培养系统及其要素
王忠信（1982）	运动员、教练员、管理体制、资金、器材设备、选材过程、训练实施、竞赛组织、精神意志品质	选材子系统：身体形态、身体素质、技术基础、意志品质、心理素质、遗传因素 运动子系统：技战术、一般身体素质、心理训练 教练员子系统：组织能力、观察能力、理论知识水平、突发事件处理能力、发明创造能力，以及个人的思想道德素养等方面 竞赛子系统：教练员的临场指挥能力、技战术的运用能力、承受比赛现实的心理素质、运动员和教练员的意志品质、适应竞赛环境能力、处理比赛中出现问题的应变能力，以及协调配合共同作战等能力 其他子系统：管理子系统、资金子系统和器材设备子系统
王卫东（1984）	内部因素（运动员）	运动员：形态发育、身体素质、心理特点、生理特点、智力水平、道德意识、健康状况、技术状况及其他
	外部因素	环境：社会环境、家庭环境、学校状况、物质生活条件、科学文化水平 教练员：识才、育才、能力、自身结构状况及其他 运动项目：自身特点、演变状况及其他 机遇

综合具有代表性的运动员培养系统研究，我们可以发现：对于一个运动员培养系统的构成要素，无非包括主观因素和客观因素。主观因素主要包括运动员、教练员和管理者，而客观因素主要包括场地器材、资金等物质基础条件。在主体和客体之间主要依靠训练内容、规章制度和人文情感进行交流联系，从而实现运动队系统整体功能的涌现性。

2. 高水平运动员培养系统构建

基于前文对系统概念及其构成要素的把握和分析，本部分内容建立在体育领域尤其是竞技体育优秀运动员培养整个过程要素的基础上，构建了我国普通高校高水平运动员培养系统。综合梳理前人相关研究文献发现，一个优秀运动员培养系统是由国家主管部门和基层管理部门为主要控制子系统，通过培养目标、制度文件、财政支持和发展设想等途径，实现对运动员、教练员、管理人员和物质条件的布局和规划，以达到培养优秀运动员的最终目的。然而，在这个信息、能量和物质交换过程中必然受到国家政治、经济、文化和科技环境的干预，此系统称为扰动系统。控制系统通过信息交换发挥对被控制系统的作用，并将系统涌现的功能进行科学的分析评价，然后经过对比分析修订后反馈给控制系统，形成一个回路过程。

培养系统由控制系统、被控制系统、反馈控制系统 3 个主要子系统组成。这 3 个子系统之间，主要依赖系统的输入、信息交换和输出环节进行信息、能量交换处理。研究通过我们对系统构成的要素和条件的认识，解析我国普通高校高水平运动员的整个培养过程，将其视为一个系统来分析具备充分且必要的条件。在系统科学知识和竞技体育理论的基础上，我国普通高校高水平运动员培养系统构建具体见图 4。

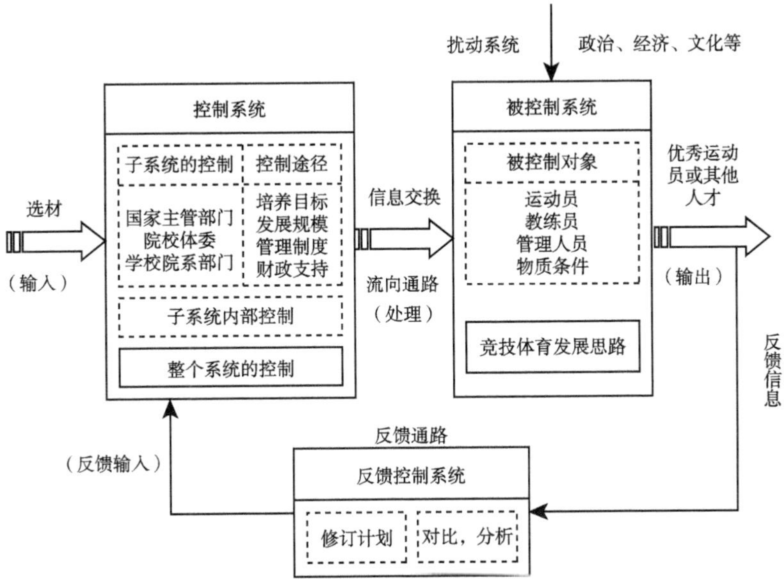

图 4　我国普通高校高水平运动员培养系统

从上述高水平运动队运行系统结构可以看出：教练员、运动员、运动项目、经费投入、教育环境、管理、器材设备以及机遇等是构成运动员培养系统的要素。第一，控制系统由国家主管部门（教育部）、院校体委和学校院系部门构成，进行国家高水平运动员培养目标制定、运动员规模规划、管理制度文件拟定和相应的财政划拨。第二，被控制系统由运动员、教练员、管理人员和物质条件等要素构成。此子系统是高水平运动员培养系统的具体实施者，又是实现国家竞技体育发展思路的关键环节。第三，当控制系统对被控制系统进行干预时，被控制系统同时受到国家政治、经济、文化等社会环境的交互干预，对被控制系统产生一定的作用，称其为扰动系统。第四，反馈控制系统是指当整个系统形成通路以后，对控制系统传递给被控制系统的信息消化吸收结果的反馈评定，从而修订系统相关要素的过程。

从整个高水平运动员培养系统运行过程可以看出：高水平运动员选材进入各子系统同控制系统与被控制系统进行相应的信息交换，对运动员、教练员、管理人员和物质条件等相关因素进行系统内和系统外的控制，最后输出优秀运动员，当然对于系统输出结果的分析评价应考虑到国家政治、经济和文化等相关扰动系统的影响程度。国家主管部门、院校体委和学校院系部门 3 个相对独立的单位结合国家竞技体育事业发展目标，以培养目标、办学规模、管理制度等对其系统进行着绩效评价和管理，且将该子系统称为控制系统。每个子系统由运动员、教练员、管理人员、物质条件等要素组成，并且这些组成要素隶属于子系统，称为被控制系统。由于各子系统的发展受到国家政治、经济和文化等环境的影响，并依靠这些外部环境进行物质、信息、能量交换来控制系统，达到实现系统培养优秀运动员的整体涌现性的目的，称政治、经济和文化等因素为扰动系统。

（二）高水平运动员培养系统特点

功能，是指系统主体提供给接受对象的支持和服务，以使对象发生有利于其生存发展的方向变化。系统的这种功能体现，完全来自系统生存的环境，生存环境保证了提供系统运行过程中对物质、能量和信息的需求。如果一个系统对于环境所需要的功能对象越多，则它的功能整体涌现性就越大，系统的生命力就越旺盛。

然而，就我国竞技体育发展系统及普通高校高水平运动员培养系统的特点而言，其系统的存在对于国家的政治、经济、文化、民族自尊心和民族凝聚力，乃至人们健康的生活方式等方面起到了积极作用，所以其功能属于系统的常态功能和软功能，针对其功能价值，本研究也做了较为详细的论述。结合我国普通高校高水平运动员培养实践的属性和特点，依据系统科学的理论知识进行分析，该系统具有复杂性、整体性、相关性、结构性、动态性和开放性。

1. 复杂性

我国普通高校高水平运动员培养系统是由各层竞技体育发展机构、优秀运动员培养子系统等组分和要素组成的，其组织成分的多样性，决定了该系统结构的复杂性。该系统有空间结构、时间结构、框架结构、运行结构、硬结构、软结构等多种结构存在状态。为此，在研究中需要解析该系统的结构层面，才能透视系统功能整体涌现性的现状和趋势。

2. 整体性

系统整体性表达了系统整体与各子系统之间的相互关系。我国普通高校高水平运动员培养系统是区别于一般系统的复合系统，具有能够在动态中实现发展目标的规定性。该复合系统的运动员、教练员、管理人员、运动项目、场馆设施等各子系统有序运行和协同作用，培养优秀运动员，实现我国普通高校高水平运动队整体效能，形成一种合理的互动关系和结构实现系统。因此，我们应当了解当前我国普通高校高水平运动员培养系统的发展演变过程和运行现状，避免脱离系统整体性。

3. 相关性

我国普通高校高水平运动员培养系统由运动员、教练员、管理人员、物质条件等基本要素构成。在这个系统中教练员和运动员之间存在着训练计划制订与训练任务完成与否的关系，运动员与管理人员存在管理制度文件履行与否的关系，物质条件决定着教练员和运动员共同的训练效果问题，而管理人员又是场馆器材等物质条件的供应补给执行者。为此，构成这个系统的多种要素之间具有密切的关联性，为了实现培养优秀运动员这个目的，他们之间需要进行信息的不断沟通，达到一个适宜该系统发展的良好环境。构成系统要素之间具有一定的有序结构，如果有一个要素表现不佳，则整个系统的功能就受到制约，影响高水平运动员培养系统的可持续发展。

4. 结构性

结构是指存在于系统中的相关要素在该系统组织中的作用。构成要素存在于系统中的这种组织形式，决定了系统与其生存环境的密切程度。系统功能的涌现是系统的结构和层次关系的共同结果。我国普通高校高水平运动员培养系统的结构，有构成运动队的主体因素和客体因素2部分，主体因素包括职能部门的管理者、高水平运动员、执训教练员、管理人员、运动项目、场馆设施等子系统内部要素的相互关系，其内部结构应具有协同性和稳定性，才能使系统内部之间在信息交换时利用效率最高，从而实现我国普通高校高水平运动员培养系统的可持续发展。

5. 动态性

系统的存在是在外部环境和内部因素的相互作用下不断变化的，所以系统具有动态性。我国普通高校高水平运动员培养系统因政治、经济、文化和科技等外部环境的变化，运动员、教练员、管理人员等相关内部要素在一定时间内的不确定性而改变，其系统的存在与发展具有动态性特征。因而，在看待和解决高水平运动员培养系统中存在的问题时，应该用辩证的、发展的思路。

6. 开放性

任何系统都存在于一定的环境中。系统只有通过与环境的相互作用才能表现出其功能价值，也只有通过与环境进行物质、能量、信息的交换才能保证其系统的存在和发展，即系统具有开放性，竞技体育系统亦如此。中国竞技体育的环境是我国目前的政治、经济、文化、科技等社会环境的反映。

总之，我国普通高校高水平运动员培养问题是一个复杂的巨系统工程，理论研究和实践操作中需要有系统科学的思维，处理问题的结果须具有系统意义，必须着眼于部分和整体、差异和共性、结构和功能、环境和自我、合作和竞争、行为和目的、阶段和过程的相互关系。只有保证我国普通高校高水平运动员培养系统各组分的持存性、结构的持存性和环境的持存性，内部组分和谐、外部环境协调，才能实现其整个系统最强的持存性，达到竞技体育事业可持续发展的最终目的。因而，我国普通高校高水平运动员培养系统发展必须处理运动员、教练员、管理人员、运动项目、场馆设施之间的关系，以及其各子系统之间的关系，这将是竞技体育事业发展的根本。

二、普通高校高水平运动员培养系统要素分析

（一）内部要素分析

上述系统模型中，各要素的内涵及其与其他要素的关系包含以下内容。

1. 运动员

运动员是高水平运动队构成的主体，是该系统中的核心要素。运动员是教练员执教和管理人员管理的对象，运动员通过学习运动项目和文化科目完成训练过程。通过这些途径实施对运动员层面的控制，实现运动员的成长。同时，运动员自身的能力素质、意志品质、学习能力、训练动机、培养潜力和就业情况直接影响着我国普通高校高水平运动队的绩效发挥。运动队绩效大小，则是由运动员竞技能力水平高低决定的。然而，运动员的竞技能力培养主要通过教练员和管理人员来实现。因此，运动员是整个培养系统中最重要的因素，对于该系统控制的最终结果是提高运动员的竞技能力。前期问卷调查统计认为，影响运动员成才率的主要因素有运动员的训练动机、培养潜力、招收级别、就业意向、攻读专业等。

2. 教练员

教练员是运动队伍的组织者，也是具体训练计划的执行者。教练员的整体素养关系着运动队伍的建设和运动员运动技能的提高程度，是系统的核心要素之一。知识结构、执训能力、管理能力、科研能力和人格魅力等决定着教练员的执教水平。在系统中，教练员与运动员存在着教学相长的关系，教练员的能力和水平在一定程度上影响着运动员的水平，反过来，运动员的训练和学习也能督促教练员不断进步；教练员与运动项目也存在着相互的作用，院校可以根据运动项目选聘教练员，也

可以根据拥有的教练员选择开设运动项目。另外，在整个系统中，教练员还要接受管理人员的协调和管理。研究主要对教练员的基本情况、专职化程度、来源情况、学历层次和执教能力等方面进行现状调查，并结合现状对其进行优化控制。

3. 管理人员

管理决定运动队伍的发展方向和目标的制定。它包括运动员选材、教练员管理、训练制度制定、赛事组织安排、物质基础条件保障等全方位的监管。管理即负责宏观调控、统筹规划、组织协调和管理各种人、事、物及其关系。管理人员的管理能力、组织能力、合作能力以及系统的制度建设情况和激励机制等都会影响管理效果。管理人员直接管理运动员、教练员和场馆设施，另外，还会间接地管理运动项目。研究在前期主要对这几个方面进行了现状调查，探索影响我国优秀运动员成长的管理方面的制约因素，并提出优化与控制措施。

4. 物质条件

场馆设施、配套器材以及经费补助等是系统运行所依赖的物质条件。场馆设施的数量和质量、器材的先进性和经费投入情况等是衡量物质条件的重要指标。一所院校高水平运动队的物质条件与该地区经济发展水平和院校资金投入密切相关。物质条件是高水平运动队正常训练的保障，良好的物质条件是运动训练正常进行的必要条件，离开了物质条件的支持，运动训练将是空谈。研究主要从目前我国各级优秀运动员培养子系统中场馆器材、食宿（医疗）条件、经费支持、奖励制度等方面实施优化控制，以便物质条件在运动训练中发挥较大的价值。

上述每个要素对于高水平运动员培养系统来说各是一个子系统。高水平运动员从选材、训练、参加比赛到退役就业，各子系统之间相关影响、相互作用，共同致力于培养目标的达成。

（二）外部要素分析

系统科学认为：任何一个系统都存在于一定的环境当中，系统与环境是包含与被包含的关系，系统难以超越环境而存在。功能是系统的特性，环境是系统生存的“土壤”，没有了环境系统便无法存活，更无法实现功能。一个系统的功能表现过程必然是它与环境间的相互作用过程。我国普通高校高水平运动员培养系统存在于社会环境中，必然要受到政治、经济、文化等其他环境因素的影响，称其为扰动系统。周西宽[1]认为，体育的发展受到一定的社会形态的影响，并非是独立存在于社会发展中的现象，而是这些因素共同作用的结果。

1. 政治因素

《奥林匹克宪章》中明确规定："奥运会仅仅是参赛运动员在竞技体育比赛中表现运动技能的舞台，而不代表参赛国家的比拼。"尽管我们倡导体育是世界通用语言，是无国界的，但是参加赛事的组织人员、参赛人员和技术官员都是具有相应国籍的，当运动员在比赛中获取胜利时通常采用升国旗的仪式向运动员、运动队致敬，无形中就把运动员参加体育比赛中获取的胜利与国家民族各项事业发展紧密联系起来，这种感性的联系与"重在参与"的体育认识和"更快、更高、更强"奥林匹克格言的内涵相互矛盾。

苏连勇、赖勤、张立[2]认为：近代中国在经济、文化和科技等方面相对落后，使中华民族的自尊心受到刺激，需要一个表现民族的恰当机会改变人们的认识，体育竞赛的特点和属性迎合了这种振奋精神的需要。熊晓正、夏思永、唐炎[3]认为：中华人民共和国成立后，尤其是改革开放以来我国迎来了一个充满希望的发展机遇，中华民族为了改变各项事业落后的面貌不懈努力奋斗，取得了伟大的胜利，竞技体育事业作为社会发展的子系统，也发生了天翻地覆的历史性变化。

政治环境因素对我国竞技体育事业发展产生影响的事件出现过，如1958年因为中国和中国台北以何身份参加奥运会赛事问题，国际奥委会对此问题处理模糊，我国退出国际奥委会长达20年之久，使我国体育代表团失去了参加6届奥运会比赛的机会。在我国更有"乒乓外交""小球带动大球"的经典外交历史经验。体育竞赛方面出现矛盾导致国家政治交往关系恶化的事例也出现过，如1969年萨尔多瓦队在足球比

---

〔1〕 周西宽．体育学［M］．成都：四川教育出版社，1988.

〔2〕 苏连勇，赖勤，张立．奥运会后的思索［J］．天津体育学院学报，1989（1）：21－26.

〔3〕 熊晓正，夏思永，唐炎．我国竞技体育发展模式的研究［M］．北京：人民体育出版社，2008.

赛中和洪都拉斯队发生了争执，引起了两国军事战争，导致两国断交。现代奥运会创始人皮埃尔·顾拜旦在1896年成功举办奥运会赛事以后写道："一个人看到自己的国家获胜，这种感觉将是何等强烈!"国际奥委会前主席萨马兰奇曾说，他在任职期间每天处理的问题中占90%的事情是有关政治方面的，而体育方面的问题仅占10%。可见，体育与政治具有极为密切的内在关系。王广虎、吴小勇、杨飞〔1〕从体育管理层面分析认为，体育制度建设是因特定的历史时期内社会、经济的需要而建立起来的。这种体制的形成和发展是由社会发展规律和体育规律共同决定的，并且是客观存在的规律。

林显鹏、虞重干〔2〕研究发现：在我国体育管理系统中不能改变政府的主导地位，更不能撤销政府体育行政机构。首先，目前从全球的角度来看，除美国、德国、意大利等国家没有在中央政府或联邦政府设立专门机构管理体育事业以外，大多数西方发达国家都设立了专门的机构管理国家的体育事业。这说明体育事业是政府关注的一个重要的政策目标，需要通过政府的力量加以推动。在这方面俄罗斯有惨痛的教训，在1989年东欧剧变以后，俄罗斯曾一度撤销了国家体委，将所有的职能转交给俄罗斯奥委会。俄罗斯奥委会代替国家体委以后，竞技体育事业的发展出现了大幅度的滑坡，导致大量优秀运动员和教练员离开训练队伍，这使得俄罗斯强大的竞技体育受到了很大的影响，经过10年的过渡，俄罗斯政府决定重新恢复国家体委。其次，目前大多数发达国家都非常重视竞技体育，竞技体育的政治化倾向十分明显，为此各国政府大都通过政府支持的手段提高国家在国际竞技体坛的竞争能力。

为发展体育事业尤其是竞技体育方面，国家从制度建设方面进行过明确的规定。本研究通过对我国有关竞技体育事业发展的文献梳理、政策文件的综合分析，透视了我国有关竞技体育制度的发展演变历程，发现近30年以来我国竞技体育管理体制主要表现为4个特点：首先，竞技体育管理体制的建立以国家体育行政部门宏观调控为主，具体的管理事务由各运动项目管理中心和各种社会组织来办理；其次，竞技体育管

〔1〕 王广虎，吴小勇，杨飞."希腊神话"与"希腊悲剧"第十五届世界男篮锦标赛的文化反思［J］. 成都体育学院学报，2006，32（6）：68－72.

〔2〕 林显鹏，虞重干. 现代奥运会对主办城市经济发展的影响及其规律的研究［J］. 上海体育学院学报，2006，30（2）：1－7.

理体系以“奥运目标→亚运目标→国际大赛目标→全运会目标”为主体的体制制定走向；再次，管理体制信息传递呈现单向性，即管理体制信息传递基本按照“国家体育行政部门→地方体育行政部门（体育协会)”的这种“自上而下纵向式传递”；最后，我国政治、经济体制改革的不断深入，以及世界竞技体育的发展潮流，有力地推动着竞技体育管理主体向多元化趋势发展。基于文献资料的研究梳理，我国竞技体育管理体制演进历程自20世纪60年代，在引进苏联高度集中型竞技体育管理体制的基础上，根据我国实际国情，遵循“精简、统一、效能”的原则进行系列的调整和改革，逐渐形成了较为完备的我国高水平竞技体育队伍管理主体向着多元化方向演变的国家体育行政管理体制，并为我国竞技体育在计划经济体制条件下的发展发挥了积极的组织保障作用。在充分肯定不同管理体制存在与发展的历史合理性，及其所发挥的巨大历史功绩的同时，也求实地揭示其与当前社会快速发展的新形势之间的不相适宜的矛盾所在。

鉴于政治环境和竞技体育事业发展存在着相互影响、相互制约、相互促进的伴随关系，政治制度的制定和执行，直接关系到竞技体育事业的发展方向，甚至是宏观层面的调控的动力来源。众多研究表明，竞技体育事业的发展对于增强民族凝聚力、提升综合国力、提高国家声誉都具有不可忽视的正催化剂价值。作为体育系统的一个子系统，普通高校高水平运动队的发展仍然受到国家制度和政策的影响。

2. 经济因素

如果说竞技体育属于精神文明建设的一个方面，那么经济基础就更是物质文明建设层面的事了，经济基础决定上层建筑。由于精神文明和物质文明之间的关系，竞技体育是精神文明建设的一个部分，而经济基础又是物质文明的直接体现，循此推理经济发展水平与体育尤其是竞技体育具有不可分割的内在联系。经济基础建设是竞技体育的物质基础，竞技体育是经济基础建设的一种表现形式，同时竞技体育对经济建设发展步伐具有不同程度的影响。而普通高校高水平运动队作为竞技体育的一个子系统，经济环境中的各种因素之间存在着相互促进、相互制约的内在牵连关系。

纵观现代奥运会从1896年雅典走到2012年伦敦的历届体育赛事，奥运会举办国家的竞技体育都受到不同程度的影响，如1972年慕尼黑奥运会，举办国家联邦德国为承办比赛就花去了10亿美元；1976年蒙特利尔奥运会，加拿大承办奥运会花了20亿美元；更为惊人的是，1980年莫斯科奥运会，为此次运动会的成功举办俄罗斯竟然花销超过90亿美元。面对承办奥运会经济压力过大的现状，1984年洛杉矶奥运会筹办中，美国开始利用市场开发途径，一改以往举办奥运会亏损的事实，本次奥运会美国盈利2.5亿美元。跟随其后的1988年汉城（今首尔）奥运会韩国获得利润4.97亿美元，且当年韩国经济出现12.4%的增长。1992年巴塞罗那奥运会仅电视转播费一项，收入就高达6亿美元，把正处在经济复苏期的西班牙，从衰退带向了繁荣。1996年亚特兰大奥运会在没有政府投入的情况下，通过奥运会的举办实际获得利润1 000万美元。2000年悉尼奥运会被誉为奥运会商业运作成功的典范，舆论称作"最赚钱的"奥运会，本届悉尼奥运会直接净经济利润17亿澳元，同时又带来了87亿美元的综合海外投资和旅游投资。悉尼通过举办奥运会使整个城市的发展向前推进了10年。2004年雅典奥运会，据雅典奥运会组委会公布的数据，奥运会财政总收入为20.98亿欧元，其中电视转播权收入占27.6%，商业广告赞助收入占25.6%；总支出约19.68亿欧元，其中在通信技术（IT）方面的支出占总支出的17.2%。

2008年北京奥运会，据统计带来的经济收入为3 000万美元。这些收入主要来自电视转播费、奥运会的收入盈利分红、广告赞助费、纪念邮票收入、门票收入、旅游收入、餐饮住宿收入等方面。国家审计署2009年3月15日有关北京奥运会收支统计状况透露，"北京奥组委收入将达到205亿元，较预算增加8亿元；支出将达到193.43亿元，较预算略有增加；收支结余将超过10亿元"[1]。国际奥委会前主席萨马兰奇曾明确表示："商业化是必须的，理所当然的。"为此，实现民族的振兴与腾飞目标，"竞技体育"这门国际性通用的语言必须用好。

当然，以上仅是国际性大型竞技体育比赛举办地获得经济效益的情况。竞技体育对社会经济的长远影响更是不可忽视的因素之一。竞技体育对一个国家或地区的服务业、制造业、科学技术业等人类社会需要的各个行业都具有一定程度的带动，在很大意义上对社会经济起到了促进

〔1〕 熊晓正，钟秉枢. 新中国体育60年［M］. 北京：北京体育大学出版社，2010.

作用。发展体育乃至竞技体育对国家经济会产生一定的推动作用，国家经济状况又促进或制约着竞技体育事业的发展。我国高校竞技体育发展依然不同程度地受到经济因素的影响。

3. 文化因素

美国是世界上高校培养竞技体育人才较成功的国家，其成功原因与该国家浓厚的体育文化背景是分不开的。郁庆定、吴昕[1]研究发现，虽然美国的历史并不是很久，仅有200多年，但是美国竞技体育发展却值得重视。早在1850年，美国人就视体育运动为每个公民的职责，把参与体育赛事看作是人生的一种精神财富。在美国，竞技体育常被人们称为“第二宗教”。

不同的民族、不同的地域、不同的社会环境、不同的宗教信仰具有不同的文化模式，不同的文化模式将产生不同的体育文化发展方向，一定的体育文化与一定的社会文化相适应。文化对每个人的影响都很大，特定的社会文化影响着社会成员的性格、人格和价值取向等。作为体育文化的有机组成部分，竞技体育以其独特的文化特点、强烈的竞技性、高度的观赏性渗透到社会的各个行业领域，竞技体育在我国各行各业文化建设方面起到积极的作用。因此，重视竞技体育事业的发展对于中华民族文化建设具有很重要的现实意义。

竞技体育在学校能够起到宣传体育文化、丰富活跃学校文化生活、提高学生锻炼积极性与热情、培养学生坚韧不拔的拼搏精神、坚定民族信念与增强爱国精神等隐形教育作用；在军队，每一个军人都承担着维护祖国的安全与稳定的伟大任务，竞技体育能够丰富部队文化生活，锻造军人吃苦耐劳的拼搏精神，培养团队凝聚力；在社区，竞技体育可以激发居民的体育热情，增强人们的体育锻炼意识，提高人们的身体素质，同时，提供给社区居民一个可以相互交流的平台，对构建和谐社会有非常大的促进作用；在农村，开展适当的竞技体育活动不仅能丰富农村精神文明建设，还有利于增强农民的凝聚力，为国家的新农村建设做出体育行业的贡献。竞技体育是文化表现形式的重要手段，通过竞技体育活动的开展，能够提高观赏者以及参与者的文化修养，加快精神文明

---

〔1〕 郁庆定，吴昕. 中美普通高校培养高水平运动员的比较［J］. 中国学校体育，1998(5)：72－73.

建设的步伐。总之，竞技体育不仅仅是单纯的体育比赛，在很大程度上对于国家或地区的文化事业的发展和繁荣具有非常重要的作用，当前竞技体育已与人们生活、工作之间有了千丝万缕的联系。

竞技体育更是维护民族自尊心的有效途径。由于竞技体育自身的特点和文化属性，其对提高民族凝聚力有着特殊的作用。20 世纪 60 年代，我国登山队成功登上珠穆朗玛峰，创造了人类第一次从北坡征服珠峰的奇迹；我国乒乓球队在第 26、第 27、第 28 届世乒赛中获得优异的成绩，奠定了长盛不衰的基础。我国乒乓球队“身在球场，心怀祖国，放眼世界”的志向、容国团“人生能有几次搏”的呼号、我国登山队甘为人梯的精神，极大地鼓舞了全国人民战胜苦难的信心。运动员在赛场上表现出的顽强拼搏、积极向上、争创一流的精神和为国争光的民族情操，增强了整个国家和民族以及广大社会成员的向心力和凝聚力。体育竞技场上运动员表现出来的这种精神力量，在现实中能够转移到社会文化建设等非体育领域中去，体现更大的社会价值，对推动社会各行各业的进步具有不可替代的作用。

总之，竞技体育的文化环境孕育着我国普通高校高水平运动队的成长，文化因素对于高水平运动员的成才具有非常重要的作用。离开了民族文化的根基，普通高校高水平运动队建设也就失去了精神土壤和动力。

（三）诸要素间关系分析

苗东升（2010）认为：“系统的结构指的是组分或要素相互结合而成的架构，关注的是结合方式及其形成的整个框架或构形。”依据系统结构的类型及其分类方法，将系统结构类型分为空间结构与时间结构、框架结构与运行结构和硬结构与软结构 3 种类型。基于我国普通高校高水平运动员培养系统在其运行过程中显示出来的组分互动方式，即此结构为运行结构。因而，构建我国普通高校高水平运动员培养系统基本结构可为 3 个层面，如图 5 所示。

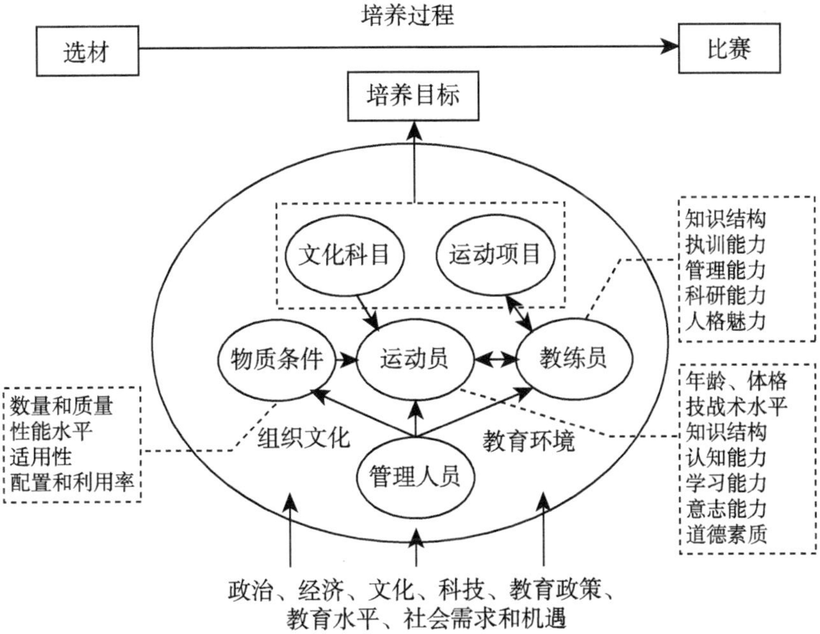

图5 我国普通高校高水平运动员培养系统结构图

第一层面，称作外部层面。它是指普通高校高水平运动员培养系统赖以生存的外部环境空间，主要包括政治、经济、文化和科技的发展完善程度。环境效应与整体涌现性（政治、经济、文化、科技）从系统生存、运行或工作过程看，必须不断给组分提供物质、能量和信息，而这种物质、能量和信息归根结底要从环境中获取。环境对于系统的塑造不仅在于提供资源和条件，而且还在于施加约束和限制。约束和限制固然有不利于系统生成、发展的消极一面，但也有利于系统生成、发展的建设性作用。它们是竞技体育发展的基石，决定着竞技体育的发展趋势。

第二层面，定义为中间层面。在本研究中，该层面主要包括运动员子系统、教练员子系统、管理人员子系统和物质条件子系统 4 个组分。中间层面承担着物质、能量、信息的传输和利用，在系统中起到重要的交通枢纽作用，又是吸收和消化物质、能量和信息的重要结构层次，在很大程度上决定着竞技体育系统整体涌现性大小的表现功能。此层面在普通高校高水平运动员培养系统运行中占有非常重要的地位。

第三层面，或称核心层。我国普通高校高水平运动员培养系统的核心层主要包括：①高水平运动员培养状况，对于高水平运动员培养主要是从运动员的数量和运动技术水平 2 个方面评定；②通过竞技体育事业的发展培养适应社会各行各业需求的合格人才。该层面的趋向标志着我国竞技体育价值取向所在。

普通高校高水平运动员培养是一个从选材、训练、参加比赛到退役就业的过程。该模型中，高水平运动员培养系统是一个封闭的系统，该系统由运动员、教练员、管理人员、运动项目、场馆设施等物质条件、教育环境和组织文化等要素组成。该系统还受一个地区政治、经济、文化、科技、教育政策、教育水平、社会需求和机遇等外部因素的影响。

三、普通高校高水平运动队绩效评价过程

（一）绩效评价思想

王海燕、姚小远研究认为，“理论界一般认为绩效评价起源于西方国家的文官制度，而英国的文官制度在西方国家中建立最早，影响最大”[1]。因而，英国于 1854—1870 年开始建立了文官绩效评价制度。在我国，西周时期《周礼·大司徒》中记载的乡里教化察举制是东方最早的“制度性评价”。当今时代，某些行业发展中存在权责不清、干预错综、激励机制不健全的问题，导致其发展状态不佳，引起了各行业管理高层的关注。绩效评价的管理方法在实践中收到了良好的效果，西方国家绩效技术主要运用在企业领域，如杜邦公司、通用汽车公司早在 20 世纪 60 年代就建立了企业绩效评价管理体系。韩国从 1983 年开始，针对国有企业的发展专门印制和下发了相关的绩效文件，并采取了严格的法定程序保障企业文件的有效执行，从而使得韩国国家大型企业获得显著的经济效益。绩效评价理论和方法在日本、巴基斯坦、印度等国家企业的管理中也发挥着重要的作用。可见，无论经济发达国家还是发展中国家，他们在企业管理方法方面都不自觉地运用了绩效评价和管理技术，并且都收到了良好的效果。随着资本主义企业的兴起，绩效评价与管理方法逐渐受到重视。

---

〔1〕 王海燕，姚小远. 绩效管理［M］. 北京：清华大学出版社，2012.

绩效评价是以控制为中心，在特定的时间段里对评价系统事前、事中和事后，运用一定的评价工具和手段进行组织结构、战略目标和预期目标的系统性评判，其目的主要是使系统高效运行。同时，绩效评价为管理组织部门实施奖惩提供了依据，能更好地激发人的积极性。

（二）绩效评价思路

绩效理论知识告诉我们，对于一个评价对象进行绩效考核评价需要基本的几个过程：第一，选定绩效评价对象，确定评价目标任务；第二，在理论推演的基础上，构建评价对象的系统模型，遴选评价指标群；第三，收集现状信息，通过问卷调查法和访谈法把握评价对象的真实状况；第四，选取科学合理的有效评价方法，结合所收集现状信息进行数理统计分析；第五，运用绩效理论并结合评价对象的特性进行改进，然后将改进策略或干预措施反馈给评价实施者。

1. 评价目标

评价目标的核心“就是通过它的选择、预测和导向作用，实现组织战略目标”[1]。高校高水平运动队绩效评价的目标是以国家创办的初衷为导向，对其现状进行分析测评，分析制约发展因素，实现我国竞技体育“院校化”模式下的高水平运动队走上可持续发展轨道，能够切实可行地为国家培养竞技体育事业发展所需的优秀运动员人才，很好地解决运动员退役就业困难的瓶颈问题。

2. 评价对象

“绩效评价一般有组织绩效和员工绩效两个对象。”高校高水平运动队构成要素的复杂性，造成影响其绩效发挥因素的多样性。为此，本研究在探讨这个问题时绩效评价对象有两个，即高水平运动队组织绩效和组织人员绩效。高水平运动队组织绩效主要分析其培养优秀运动员绩效、解决运动员退役就业绩效 2 个方面；而组织人员绩效主要从构成运

[1] 王海燕，姚小远. 绩效管理［M］. 北京：清华大学出版社，2012.

动队核心要素入手，分析运动员、教练员、管理人员 3 个群体的绩效表现。

3. 评价主体

“所谓评价主体指的是那些直接参加评价活动的人。”[1]依据本研究评价对象的特殊性，对于评价主体的选择主要使用了 360 度考核法，而该方法原本是企业对于员工的评价，主要通过评价对象采取上级、同事、下级、自己共同评价的方式。循此方法，对于高校高水平运动队绩效评价研究，选择了长期研究该领域的学者、执训运动队的教练员、长期从事管理运动队工作的管理人员、普通高校在训高水平运动员 4 个人群，并对他们进行目前高水平运动队建设绩效问题的调查。

4. 评价指标

“绩效评价指标决定了对绩效对象的哪些方面进行评价。”[1]基于国家创办高校高水平运动队的目的和意义，建立在近 20 年来“优秀运动员”培养、“高水平运动员”培养、“高水平运动队绩效评价”的相关文献梳理的基础上，本研究运用了层次分析法和关键绩效指标法，通过专家问卷调查法分析我国普通高校高水平运动队绩效评价指标，构建评价指标体系。

5. 评价标准

绩效评价标准是指评判评价结果的尺度和标杆。研究绩效问题的众多学者认为，评价标准的选择是建立在评价主体对评价对象的目标设定基础上的，选择什么层次的评价目标就决定了使用何种评价标准。通常来说，评价标准包括定量化的绝对标准和定性化的相对标准。现实中究竟选择哪种标准，主要依赖评价对象具有哪些特性，适合采用哪个标准评价更科学、更合理。本研究中，由于运动队组织构成要素的复杂性和其培养过程的动态性，目前还没有一套运动队绩效评价的绝对标准。因此，本研究将应用相对评价标准，实现办队成功经验总结、存在差距查

[1] 王海燕，姚小远．绩效管理［M］．北京：清华大学出版社，2012.

找、制约因素分析的目的。

6. 评价方法

“常见的评价方法包括量表法和排序法等。”[1]绩效评价的量表种类包括图示量表、等级择一量表、行为锚定量表、混合标准量表、综合尺度量表、行为对照量表、行为观察量表等多种量表。结合研究对象的特殊性，根据研究需要，本研究将使用等级择一量表。等级短语分别为优秀（5分）、良好（4分）、中等（3分）、差等（2分）、很差（1分），然后，根据评价主体对于评价对象的判断进行统计学处理分析，提出优化与改进措施。

（三）绩效评价方法

复杂系统具有要素种类多样性、发展轨迹非线性、系统环境开放性、运行结果不可逆性、整体功能涌现性等特征，导致在研究复杂系统时需采用多方法，才有可能把系统中的各要素从整体中分解出来，分析它们与系统、环境之间的相关性。然后再从整体功能的角度建立系统结构与功能关系的有机模型。系统方法论的一般方法有以下几种。

1. 定量计算和定性判断相结合

定性是定量的基础，定量是定性的精确化，定性研究和定量研究相辅相成。对于复杂系统难以建立精确的数学模型进行定量计算分析时，需要采取定量计算和定性判断相结合的方法。定性研究是建立在定量研究的基础上，对系统的特征、演化趋势、发展动态行为进行深刻揭示，可以影响人们对事物的认识。定量研究是将系统中各子系统的概念模型尽量转化为数学模型，经过数据计算得到定量的结论，对其结果进行定性判断，取得认识上的提升，形成解决问题的建议。

---

〔1〕王海燕，姚小远. 绩效管理［M］. 北京：清华大学出版社，2012.

2. 局部与整体相结合

还原论从局部机制和微观结构入手，主张把复杂系统分解为多个子系统去分析，从高层次还原到低层次。然后通过部分说明整体，用低层次反映高层次。而整体论则强调系统内部构成元素之间的内在关系和相互作用，从整体上把握系统各子系统相互功能的涌现性。还原论避免了整体论认识事物时出现的直观性、猜测性、笼统性等不足；而整体论有效地克服了还原论在认识和处理问题时的零碎性、片面性。只有将局部认识与整体评价相结合，才能实现对整个系统较为深入的分析，得以准确把握系统的动态变化趋势。

3. 微观分析和宏观综合相结合

绩效评价过程中的微观分析，主要指对于系统构成要素以及要素之间的层次结构关系进行分析，而宏观综合则是从功能结构和形成过程的角度来认识系统。系统科学将系统的宏观变化看作是微观变化导致的，宏观变化是微观变化相互作用涌现性表现的结果。研究复杂系统必须了解系统的微观层次结构，然后再宏观综合分析功能结构及其涌现性过程，即研究的微观分析和宏观综合相结合运用。

4. 科学推理与哲学思辨相结合

复杂系统内部的因子通常表现为确定性和不确定性，在处理确定性的定量元素时科学家力求在表述科学理论中做到符号化和数字化，使之成为严密的公理化体系，以便更好地运用科学方法推理和解释事物。但是，在现实中事物具有一般性和特殊性、个性与共性、偶然性和必然性、相对性和统一性等特征。为此，认识事物和分析系统需要建立在严密的科学推论的基础之上，仍需用哲学思辨的综合思维进行整体分析。

（四）绩效评价的基本原则

建立绩效评价必须遵循一定的原则，其原则既是理论基础，又是满足有效评价的基本条件，在评价实践中保障绩效评价实现有效的价值。

1. 公开与开放原则

公开性是指良好的绩效评价过程、标准和结果需要公开透明，并且整个评价工作需要多个部门和个人参与，评价过程必须是多个部门、个人和上下级沟通协作完成。只有建立在公开透明原则的基础上，绩效评价才有现实意义。

2. 反馈与提升原则

将评价后的结果及时地反馈给部门和个人，在实践中发挥优势、弥补劣势，保持优点、避免缺点，更有利于其系统绩效的改进和提升，从而使系统绩效评价形成良好的控制通路，提高系统的整体绩效。

3. 定期与制度原则

绩效评价是一个连续性的管理过程[1]。因而，在评价实施过程中要坚持制度化的长期管理，并且定期地反馈评价结果和评价系统绩效表现状态。在这个过程中，对所发现的问题予以解决，并对其系统未来的发展趋势做出预测。

4. 正确与可靠原则

评价结果的正确性和可靠性，对其评价对象具有非常重要的作用，将影响其未来的发展趋向。为此，评价工具的合理使用、评价过程的监控、评价结果的可信度将是绩效评价的关键问题，更是进行绩效评价的必要条件。

5. 可行与实用原则

可行性和实用性是指在评价过程中所用的评价方法和工具，能够真实地测评其绩效现状。所使用的方法和工具较为常用，具有普遍性。评价结果在解决实践问题时，有效且实用。

---

〔1〕 王海燕，姚小远．绩效管理［M］．北京：清华大学出版社，2012.

（五）绩效评价过程

我国普通高校高水平运动队绩效评价研究的过程基本包括以下几个步骤，如图 6 所示。

第一步，梳理国家发布的有关普通高校高水平运动队的政策文件，明晰国家创办高校高水平运动队的目的和意义。在此创办初衷的基础上，分解出高水平运动队的两个目标，一是培养具有较高文化素质的优秀运动员，参加国内、国际重大体育赛事；二是为退役运动员提供继续深造的机会，增加他们的就业资本。

第二步，研读国内外有关学校优秀运动员培养、运动队绩效评价、普通高校高水平运动队绩效评价指标体系构建、运动队绩效改进方面的大量文献，收集高校高水平运动队绩效评价指标群。然后，对其指标群构建初步评价指标体系，将初步评价指标体系通过专家问卷法筛选科学、合理的运动队评价指标。

第三步，针对评价指标体系相关指标对普通高校高水平运动队当前建设状况进行调查分析，并对收集的信息数据进行处理，分析影响我国普通高校高水平运动队发展的原因。

第四步，基于 MATHLAB 数据包对影响我国普通高校高水平运动队绩效指标进行数学模型构建，通过其数学模型进行灰色数理分析评价。由于高水平运动员培养系统中运动员和教练员受心理活动的影响，致使对其输入管理制度规定和物质资源条件等将会产生非线性效应，所以在整个系统中将形成灰色过程。

第五步，根据数理统计分析获得的绩效评价结果，对照高水平运动队的创办目的，进行绩效目标验证。通过绩效目标的验证，查找存在的差距，结合存在差距的原因提出绩效告警策略和控制路径探索。

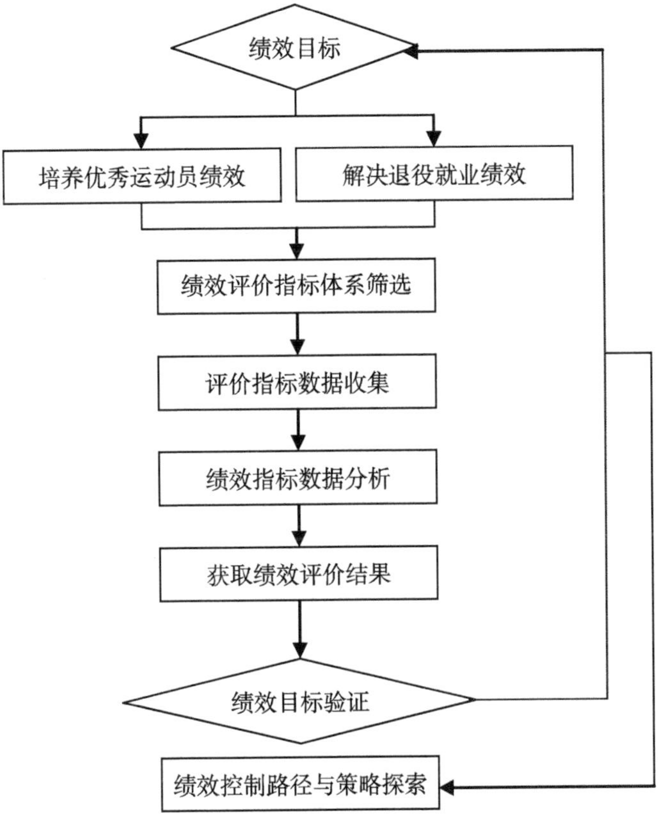

图6 绩效评价过程图

四、本章小结

本章基于系统科学理论，结合当前有关运动员培养理论研究和实践，总结提取了影响运动员培养的关键性指标，并对选取指标进行归类，构建普通高校高水平运动员培养系统，进而对系统要素做出详细分析说明，以及对诸要素之间关系进行论述。对一个系统来说，它的运行环境对其系统整体功能发挥有很重要的影响，为此，本研究就高水平运动员培养系统的扰动系统，即政治、经济、文化3个重要指标对该系统的作用做了较为详细的探讨。

在普通高校高水平运动员培养系统的基础上，本研究针对该系统的特点进行绩效技术理论分析，构建了绩效评价系统。该评价体系应用之前，本研究提出了普通高校高水平运动队绩效评价的方法论、遵循的基本原则，以及制定了相应的绩效评价过程，为本研究后面章节研究提供了理论支持。

第二章 我国普通高校高水平运动队历史沿革、现状及国外经验借鉴

基于我国普通高校高水平运动队建设绩效的目的，以国家创办的两个初衷，即解决优秀运动员科学文化水平较低、退役就业较难两大瓶颈性问题为切入点，系统梳理其历史沿革、回顾办队历程显得很有必要。因此，本研究以国家教育和体育部门自高水平运动队创办以来颁布的一系列相关政策文件为主线，阐明诸多政策和法规的出台对于高水平运动队的建设起着规范和引导的作用，揭示普通高校高水平运动队的来龙去脉以及未来走向。

普通高校高水平运动队的建设现状，在很大程度上是其绩效功能的表现。因此，本章对于现状的把握主要通过问卷调查和访谈两种形式，以在训运动员、教练员、管理人员三个群体进行高水平运动队规模、建设特征、管理模式，以及场馆物质基础条件等方面的研究，探讨分析我国普通高校高水平运动队建设的成功经验和存在的不足之处，同时借鉴国外竞技体育发展模式和高校优秀运动员培养经验，为我国普通高校高水平运动队建设提供理论支持，也为本研究进行绩效评价提供依据。

一、我国普通高校高水平运动队历史沿革

（一）第一阶段：尝试提出阶段(1985—1995 年)

中华人民共和国成立以后，国家将体育事业的发展提上重要的议事日程。为了培养具有较高科学文化素质的优秀运动员人才，疏通运动员培养系统输出渠道，我国在借鉴国外大学“竞技选手孵化器”经验的基础上，结合国内实际情况开始酝酿竞技体育可持续发展道路。1985

年，国家教委和国家体委在山东召开了全国学校业余训练工作会议，研究了学校培养竞技体育优秀运动员问题以及我国学校在体育后备人才培养中承担的任务。至此，我国竞技体育“院校化”模式下的普通高校高水平运动队雏形诞生了。

1987 年，国家教委面向全国颁布了《关于部分普通高等学校试行招收高水平运动员工作的通知》和《部分高等院校试办高水平运动队的招生办法》两个文件，并首次确定了 51 所普通高校作为高水平运动员招收试点。

1995 年，国家教委再次颁布《关于部分普通高等院校试办高水平运动队的通知》，将试办高水平运动队的单位增至 53 所。

此阶段，通过国家教育部门和体育职能部门的有力配合，竞技体育高水平运动队在我国普通高校形成了雏形。此阶段存在的问题有：首先，对其建设项目的合理布局没有做出明确的规划；其次，对其办队绩效评价未能形成合理有效的措施。因此，此阶段我国普通高校高水平运动队建设仍处于尝试提出阶段。

（二）第二阶段：完善规范阶段(1996—2004 年)

进入 21 世纪，随着我国政治、经济、文化等各方面全方位地得到了完善和提升，国家的进一步发展需要德、智、体全面发展的优秀人才。为保证运动员群体得到良好的文化教育和提高运动技术成绩，丰富国民体育文化生活，带动全民参与体育锻炼的热情，2002 年我国出台了《中共中央国务院关于进一步加强和改进新时期体育工作的意见》(以下简称《意见》)，《意见》中进一步明确体育运动训练要与国家培养全面发展的社会主义接班人这个艰巨的任务相结合。此期间，我国体育代表团在 2004 年雅典奥运会上取得了优异的竞赛成绩，但此届奥运奖牌得主全部来自国家“三级网络”模式下的运动员，而普通高校高水平运动队经过 17 年的发展并没有培养出奥运奖牌得主。国家于 2000 年颁布了《2001—2010 年体育改革与发展纲要》（以下简称《纲要》)。《纲要》中对高校高水平运动队定位时，提出我国竞技体育未来的发展方向要逐渐向学校过渡，这样既有利于为退役后的运动员提供继续深造的机会，又能培养具有较高科学文化素质的优秀运动员。

2003 年，为了检验普通高校高水平运动队的建设水平，国家决定将参加第22届世界大学生运动会的重任交给高校高水平运动队来完成。此届运动会上我国大学生体育代表团获得21金、16银和12铜的优异成绩，涌现出了“院校化”模式下普通高校高水平运动队培养出来的大学生运动员胡凯和王颖等。

客观地讲，我国自从1996年亚特兰大第26届夏季奥运会以来，竞技体育事业得到了稳步发展，在国际竞技体坛位居第四。经过2000年悉尼奥运会，直至2004年第28届雅典奥运会我国体育健儿获得32枚金牌、63枚奖牌的优异成绩，位列此届奥运会第二。但是真正意义上的高校高水平运动员，甚至是学校范围内培养的运动员却屈指可数。可见，我国竞技体育“院校化”模式的运行仍然存在不足。基于此，国家体育部门在全国学校工作会议上进一步明确加强“全民健身计划”的落实，提高全民身体素质尤其是青年学生的体质，同时我国“奥运争光计划”的实现仍然离不开学校体育。为此，学校体育工作的开展又将被提高到一个新的高度。对于高水平运动队而言，我们要继续加强高水平运动员的培养，为国家培养优秀的竞技体育人才。

（三）第三阶段：新的探索阶段（2005年至今）

2005年，教育部和国家体育总局共同制定发布了《关于进一步加强普通高等学校高水平运动队建设的意见》，文件指出：“普通高等学校建设高水平运动队的目的是为国家培养全面发展的高水平体育人才，目标是完成世界大学生运动会及国际、国内重大体育比赛的参赛任务，为国家奥运争光计划和竞技体育可持续发展作贡献。”相继又下发了两个文件，要求大力开展运动训练，尽快提高运动技术水平，切实保障经费投入，加快体育场馆设施建设等。文件公布了高水平运动队招收单位包括北京大学在内的235所普通高校名单，招收项目为26个大项。

随着2008年北京奥运会的闭幕，我国体育健儿金牌总数稳居世界第一。然而，当我们细数51枚金牌时不难发现，没有一枚金牌是普通高校高水平运动队所培养的运动员获得的。可见，历经多年发展的高校高水平运动队竞技水平仍处于较低水平。国内普通高校高水平运动队的办队绩效问题开始引起学术界的关注，将其发展也带入了新的探索阶段。

具有代表性的研究为我国学者熊晓正主持的课题“我国竞技体育发

展模式的研究”，其中总结道，“30余年的改革实践经验告诉我们，照搬国外发达国家的现成模式和完全沿袭我们固有的经验都是行不通的，必须按照新时期的要求进行制度创新”，且“在这众多的研究中，着眼于现有体制，着力于调整、完善其内部关系结构的微观研究较多，从社会改革大背景下，对竞技体育发展模式宏观审视的研究较少；着力于横向比较研究较多，着力于纵向系统总结较少”[1]。

2010年，国家体育总局局长刘鹏在接受主流媒体访谈时谈到，我国学校体育未来的发展做出了重要的规划。谈到有关竞技体育发展方向时，他表示要把基础教育阶段的体校，也就是小学、初中、高中层面的体育运动训练工作，要像普通教育一样纳入当地的教育发展规划，从经费支持方面纳入当地的教育发展经费预算，和别的普通中小学一样。

综合梳理国家政策文件发现，国家对于高水平运动队的发展寄予了很高的希望。针对不同的发展阶段，国家对此项工作不断进行完善和调整。从宏观的指导方针、政策逐步细化落实到招收项目、教练员、运动员以及体育场馆设施建设等方面，将普通高校高水平运动队作为我国竞技体育未来培养优秀运动员的重要基地。这项事业今后的发展，国家行政部门和体育界学者们仍在不断地探索，目的是使我国普通高校高水平运动队走上可持续发展的轨道。

二、我国普通高校高水平运动队现状调查

为了解我国普通高校高水平运动队现状，本研究主要通过问卷调查法，对所选取的30所普通高校高水平运动队建设现状信息进行收集。问卷设计分为3种（具体详见附录3至附录5），即运动员问卷、教练员问卷和运动队管理人员问卷。问卷内容侧重点不同，运动员问卷主要包括技术等级、训练动机、攻读专业、就业意向、学训矛盾和培养潜力，以及教练员执训、场地器材和管理等方面的满意程度；教练员问卷主要包括来源渠道、执训能力、知识结构，以及对运动员招收现状、场地器材和管理方面的满意程度；运动队管理人员问卷主要包括运动队目

---

〔1〕 熊晓正，夏思永，唐炎，等. 我国竞技体育发展模式的研究［M］. 北京：人民体育出版社，2008.

标设定、管理制度、竞赛组织实施，以及对运动员、教练员和场地器材方面的相关信息。问卷采取邮递和现场发放两种方式，问卷发放数量为每所学校运动员问卷10份、教练员问卷2份和运动队管理人员问卷1份，具体发放与回收情况统计如表3所示。

表3 调查问卷发放与回收情况统计表

问卷类别	运动员问卷	教练员问卷	管理人员问卷
发放总数	300	60	30
回收总数	280	56	28
有效问卷	241	45	28
有效回收率/%	86.1	80.4	100

（一）我国普通高校高水平运动队总体现状

1. 规模现状

我国普通高校高水平运动队的建设规模，主要指招收单位数量、项目个数、运动员数量、教练员数量和场馆物质资源等基础设施的建设水平。据国家招生考试网统计，截至2013年10月，我国2014年具备高水平运动员招收资格的高校共计275所，高校名单及具体项目详见附录1。透析2010年以来国家普通高校高水平运动队招收院校所做的调整，其变化表现在以下三方面。①增加招收院校数量，即由原来的234所增加到目前的275所。②调整运动项目分布，即根据项目分布对项目招收单位进行调整，例如田径项目原来具备招收资格的院校共166所，经调整后为152所，篮球项目由原来的115所调整为103所等。③缩减项目设置总数量，如将原来的围棋、艺术体操等项目取消，项目总数由原来的28个大项目减少为现在的25个大项目。

（1）招收院校的项目分布。

通过对具备高水平运动员招收资格的275所普通高校的项目设置统计显示，招收田径项目的为144所，篮球102所，足球70所，排球56所，游泳42所，乒乓球40所，健美操37所，武术34所，网球27所，羽毛球23所，定向运动16所，跆拳道11所，冰雪9所，射击9所，龙舟9所，击剑5所，棒球5所，棋类4所，赛艇4所，手球3所，攀岩3所，垒球2所，橄榄球2所，摔跤2所，柔道1所，共25个大项目。

（2）招收院校的地区分布。

我国国土面积较大，区域经济和文化等各方面发展存在差异，各地区之间具有较为明显的人文环境和地理环境特点。依照经济发展水平及人口分布等特点，各省、区、市拥有高校的数量也不均匀。本研究通过对我国招收高水平运动员院校所在的行政区域调查统计发现，我国普通高校高水平运动队遍布全国31个省、区、市，目前仅西藏自治区的高校暂未设置高水平运动队，具体分布情况见表4。

表4　我国各行政区域划分及省、区、市分布情况表

华北地区					东北地区			华东地区						
北京	山西	河北	天津	内蒙古	吉林	黑龙江	辽宁	上海	山东	江苏	浙江	福建	安徽	江西

华南地区			华中地区			西北地区					西南地区				
广东	海南	广西	湖北	河南	湖南	陕西	甘肃	青海	宁夏	新疆	贵州	四川	云南	西藏	重庆

从表5可以看出，高水平运动队招收高校数量最多的地区是北京市（共27所），其次为江苏省（20所）。青海省、贵州省和宁夏回族自治区各2所，为设置院校最少的省、区。各地普通高校高水平运动队数量具体见表5。

表5　我国普通高校招收高水平运动员省、区、市分布情况统计表

省、区、市	北京	江苏	上海	山东	湖北	辽宁	天津	湖南	陕西	广东	黑龙江	四川	吉林	山西	浙江
数目/所	27	20	17	16	15	14	12	12	11	11	10	10	9	8	8
省、区、市	江西	重庆	安徽	河北	内蒙古	广西	福建	河南	甘肃	新疆	云南	海南	青海	贵州	宁夏
数目/所	8	8	7	6	6	6	6	5	5	5	4	3	2	2	2

通过对具备招收高水平运动员的普通高校所在行政区域统计发现，每个行政区域拥有的高水平运动队院校数量占全国招收院校总数的百分比：东北地区 12%、华东地区 27%、华北地区 22%、华中地区 14%、西南地区 9%、西北地区 9%、华南地区为 7%，具体见图 7。

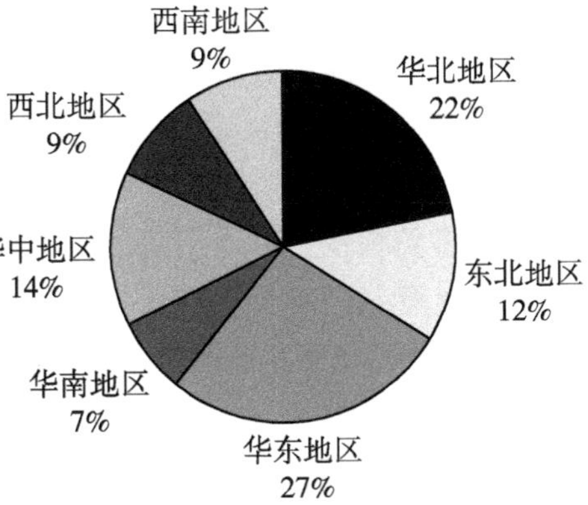

图 7　我国 7 个行政区域具备招收高水平运动员院校分布图

从图 7 可见，全国约有一半以上的高水平运动队招收院校集中在华北地区、华东地区和华中地区，这充分印证了国家在设置高水平运动队招收院校时，不仅考虑了经济和教育资源分布状况，还充分考虑了人口资源的分布现状。

2. 规模特点

自 1987 年我国普通高校高水平运动队建立以来，经过多年的发展，其无论从办队规模、项目设置，还是从运动队的发展目标上都凸显出一些特点，主要表现为以下几个方面。

（1）办队规模逐渐增大。

有关高校高水平运动员的招收数量，国家教育部门做出了严格的规定。如 2010 年《教育部关于做好 2010 年普通高校招收高水平运动员工作的通知》要求：招生院校应合理编制高水平运动员招生计划，并列入国家核定的本校年度招生总计划内。本科院校招收高水平运动员的人数控制在本校年度本科招生计划总数的 1% 以内。高职（专科）院校的招生人数控制在本校高职（专科）招生计划总数的 1% 以内。如果按照这个招收比例计算，我国 275 所招收院校，每所学校招收普通本科生人数在5 000人左右，那么高水平运动员招收人数应为50人。因此可以大致计算出，我国在训高水平运动员人数大约为：50（人）×275（所）×4（年级）=55 000（人）。可见，普通高校为我国竞技体育储备了一支庞大的后备人才队伍。

（2）招收院校所属类别复杂。

承办高水平运动队的普通高校数量呈增长趋势，且学校类别与体育学科分离。何志林、董众鸣和龚波研究指出，截至2009年，我国竞技体育项目布局高校数量为235所[1]。可见，我国普通高校高水平运动队招收院校数量增长很快，基本呈直线上升趋势。通过统计我国具有招收高水平运动员资格的院校类别，发现目前招收院校种类丰富，共计23类院校，其中综合类院校和师范类院校数量较多，具体各门类院校数量分别为：综合类78所、师范类37所、财经类24所、工程工业类22所、理工类18所、科技类17所、农业类13所、交通类8所、医药类8所、石油类6所、政治政法类6所、民族院校5所、化工类5所、邮电类4所、航空类4所、矿业地质类3所、建筑类3所、电力类3所、林业类3所、外语类3所、海洋海事类3所、传媒类1所、艺术类1所。整体表现出院校类别与体育运动训练偏差较大，这些院校不具备培养运动员的明显优势。诚如闻兰、李志刚在《普通高校高水平运动队建设的困惑与思考》一文中指出：培养目标与培养载体错位，即用普通高校培养理、工、文、医等专业的载体，培养全面发展的体育人才，不仅培养目标难以实现，而且违背了高等教育人才培养的规律，如同用临床医学的培养模式，培养从事文学创作的作家[2]。

（3）项目设置较全，但比例不均。

首先，截至2009年，我国具有招收高水平运动员资格的普通高校272所，共设置田径、篮球、足球、排球、游泳、武术等28个大项目。其中，具有招收田径项目资格的院校166所，具有招收柔道项目资格的院校仅2所。从项目所占比例来看，田径项目院校数占院校总数的

---

〔1〕 何志林，董众鸣，龚波．新形势下我国高校竞技体育现状及发展策略［J］．上海体育学院学报，2009，33（5）：73－76.

〔2〕 闻兰，李志刚．普通高校高水平运动队建设的困惑与思考［J］．上海体育学院学报，2010，34（6）：81－83，87.

71%，篮球占49%，足球占30%，摔跤、柔道等项目占0.85%，项目分布极不均衡。

其次，从我国项目设置现状来看，至今未将拳击、自行车、体操、举重、曲棍球、现代五项、马术、铁人三项等11个奥运大项目列入其中；我国普通高校高水平运动队项目设置和奥运会项目设置对照见表6，可以看出，在项目设置上随意性较大。由于普通高校高水平运动队为我国竞技体育储备优秀运动员选手，所以在项目设置方面应该以奥运会项目设置为参照。这与项目本身的特点及其对人员和配套设施的要求有关。一方面，一些大众类项目，如田径、篮球和足球等，其对人员和场馆等设施的要求较低，大多数学校都能满足这类项目的教学条件；另一方面，这与社会对相关人才的需求有关。2003年我国学者池建研究发现："试点院校在项目设置上既没有与我国奥运战略紧密衔接在一起，突出我国在奥运会上能够获得金牌的项目或潜在的金牌优势项目，也没有体现出竞赛市场需求的特点。"[1]王利红[2]通过对我国普通高校高水平运动队有关项目设置调查研究发现："高水平运动队项目设置不合理。"

表6 我国普通高校高水平运动队项目设置和奥运会项目设置对照表

类别	项目设置
奥运会设置项目（28项）	田径、赛艇、羽毛球、排球、垒球、乒乓球、篮球、足球、拳击、皮划艇、自行车、击剑、体操、射击、举重、摔跤、手球、曲棍球、柔道、水上项目、棒球、马术、跆拳道、网球、射箭、现代五项、铁人三项、帆船帆板
我国高校设置项目（28项）	田径、篮球、足球、排球、游泳、武术、乒乓球、网球、羽毛球、定向运动、跆拳道、冰雪、龙舟、攀岩、击剑、棋类、手球、射击、赛艇、棒球、垒球、橄榄球、围棋、柔道、摔跤、健美操、艺术体操、桥牌
我国高校未设置项目（11项）	拳击、皮划艇、自行车、体操、举重、曲棍球、现代五项、马术、射箭、铁人三项、帆船帆板

〔1〕 池建. 关于"高校试办高水平运动队政策"的解析［J］. 天津体育学院学报，2003，18（4）：75－77.

〔2〕 王利红. 我国普通高校高水平运动队建设现状及发展对策研究［D］. 北京：北京体育大学，2007.

最后，招收院校的办学种类与体育运动专业的类型差别较大。从目前我国建设高水平运动队的学校类型来看，综合性大学78所，占院校总数的28.4%；师范类院校37所，占13.5%；其余院校占58.1%。因此，这样的建队只能是为运动员提供一个上大学的“翘板”，而与国家建设高水平运动队的初衷相差甚远。

3. 管理现状

我国竞技体育“院校化”优秀运动员培养运行模式可以概括为，国家管理层协调管理教育部和国家体育总局两个部门，教育部和国家体育总局共同管理中国大学生体育协会，中国大学生体育协会下属单位为各省市大学生体育协会。教育部门的管理模式为：教育部－教育部体卫艺司－各省市教育厅－各省市教育厅体卫艺处－各省市大学生体育协会；而国家体育总局的管理模式为：国家体育总局－各项目协会－各省市体育局－各省市竞技体育处－各省市大学生体育协会。各省市普通高校竞技体育优秀运动员培养单位，由教育部和国家体育总局共同管理。

当前普通高校高水平运动队培养的过程中存在一些问题，如张浩（2008）研究指出，我国普通高校高水平运动队创办20多年来，并没有为国家培养出优秀运动员人才。教育部门和体育部门对于高水平运动队的管理职责不明确、分工不明晰，这使高水平运动队的创办背离了其初衷，对于未来的发展起到了一些负面作用。何志林（2009）在国家社会科学基金项目“新形势下我国高校竞技体育现状及发展策略”中研究表明，我国高校竞技体育发展的问题主要表现为：①教育部门和体育部门之间职权关系不明确、角色定位不明确；②行政部门与体育项目协会之间权责不明晰，导致项目不能够很好地发展；③全国体育项目专业性协会与高校竞技体育队伍之间关系不顺。面对这几种较为复杂的关系，我国学校竞技体育的发展受到一定程度的限制，制约了高水平运动队伍的健康发展。其基本运行模式如图8所示。

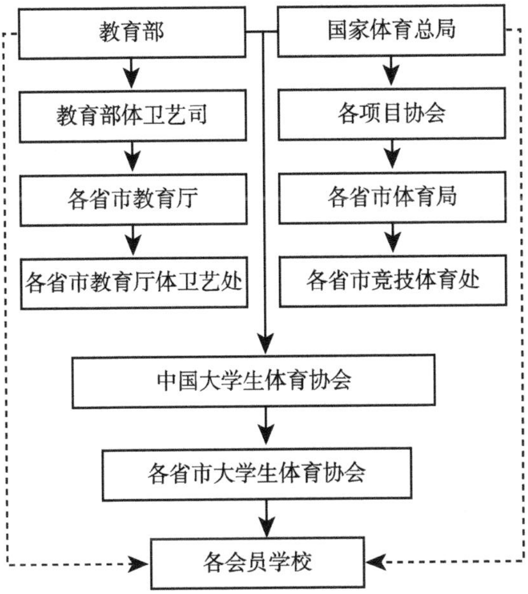

图8 我国普通高校优秀运动员培养运行模式图

分析我国普通高校优秀运动员培养运行模式，不难发现存在两个问题。

第一，管理责权分离，管理冲突和管理空当并存。目前，普通高校高水平运动队是我国优秀运动员“院校化”模式的最初形态，也是多年以来一直运行的基本模式。从这种运行模式来看，最高管理部门为教育部和国家体育总局。教育部系统负责运动员的招收和文化课程的培养与管理，而国家体育总局系统则负责运动竞技能力的培养。两个管理层的最高部门对待同一个管理对象的作用不同，因此容易造成管理冲突或者管理空当。因此，这将造成我国普通高校优秀运动员培养处于一种不平衡的状态，出现学训矛盾的痼疾，并最终影响该模式下优秀运动员的培养绩效。

第二，系统结构复杂，物质、能量和信息损耗严重。上述优秀运动员培养运行模式决定了在优秀运动员的培养过程中，存在多机构、多部门、多处室的相互联系和相互牵制，运转效率低下，即优秀运动员培养处于一种复杂状态。因此在具体运行中，该培养系统的物质、能量和信息在不同层次间传递时将出现不可避免的损耗，即出现“整体绩效小于部分之和”的现象，这将会影响优秀运动员培养的整体绩效。

（二）为国家培养优秀运动员现状

针对运动员队伍的现状，本研究主要以 2013 年后在校高水平运动员为调查对象，围绕技术等级、攻读专业、训练动机、培养潜力等主要指标展开现状调查，其结果将为我们进行我国普通高校高水平运动员培养绩效问题的探讨提供实践性依据。

1. 运动员

（1）来源途径。

调查显示，我国普通高校高水平运动员的来源情况为：高中毕业生占 78.10%、体校毕业生占 18.70%、国家队退役运动员占 3.20%，见图 9。不难发现，目前我国普通高校高水平运动员的来源基本有两种渠道：一是普通高中毕业生进入高等院校，这类学生组成运动员的主体；二是体育运动学校优秀运动员、省市队运动员和国家队退役运动员进入高校。这种推理在张舒扬的研究中也得到了印证，他通过对山西 9 所招收高水平运动员学校调查后指出，高中体育特长生占总人数的 47.8%，其次是体育运动学校毕业的运动员占 34.9%[1]。可以看出，绝大部分运动员都有前期运动训练的基础，因此其具备一定的培养潜力。另外，运动员在校期间的愿望实现度也可以从某种程度反映出其培养潜力。对运动员的愿望实现度进行调查后发现，有超过一半的运动员表示基本实现了自己上大学的愿望。综上所述，普通高校绝大多数优秀运动员都具备一定的培养潜力。

〔1〕张舒扬．高校高水平运动队绩效评价体系构建的研究［D］．太原：山西大学，2007.

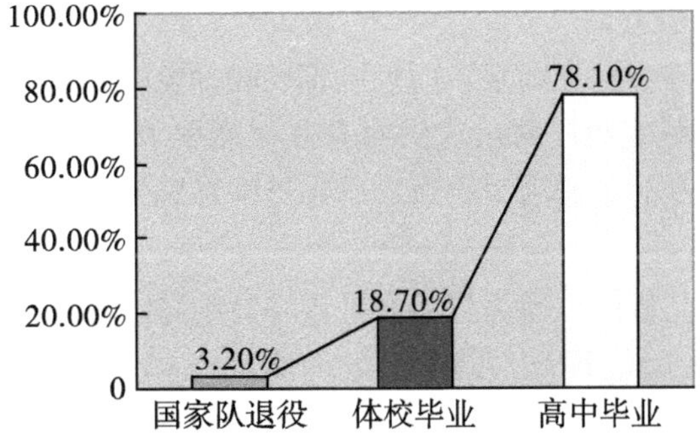

图 9　我国普通高校高水平运动员的来源现状图

（2）训练动机。

动机是人们从事某种活动的目的和愿望，以及为了实现目的、达到自己的愿望所付出行动的内在驱动力。苏连勇、赖勤、张立[1]在 1989 年通过研究指出：在运动训练实践中运动员的实际需要、参训动机和训练行为直接影响运动竞技水平的提高，积极的因素将会激发优秀运动员的参赛行为。针对这一问题，国内学者也进行过许多研究，综合相关研究可以看出，动机在体育运动训练中具有非常重要的作用。

本研究通过对高水平运动员的参训动机进行调查统计显示，“实现大学梦想”占 63%，“提高运动成绩”占 24%，“遵照父母意愿”占 11%，见图 10。可见，很多高水平运动员并未将体育当作今后要长期从事的事业，而是将其看作提升就业的砝码。这种训练动机及价值取向本身就制约了运动员培养过程中的付出，进而影响其培养效果。

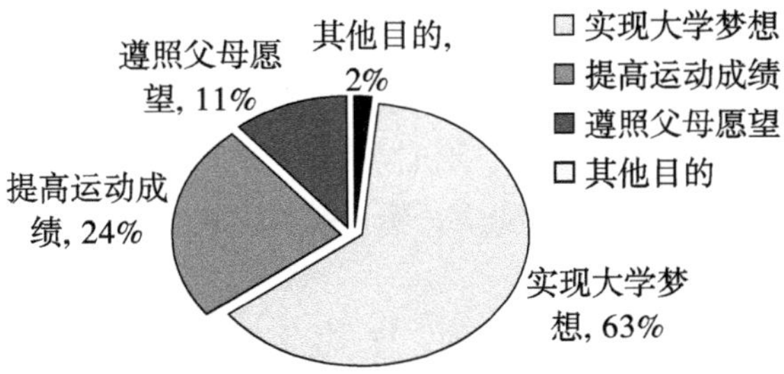

图 10　我国普通高校高水平运动员的训练动机现状图

---

〔1〕 苏连勇，赖勤，张立．奥运会后的思索［J］．天津体育学院学报，1989（1）：21－26.

(3) 培养潜力。

培养潜力是个综合因素，而且因其比较抽象，所以较难测量。本研究认为，高水平运动员的培养潜力与其来源和在校期间的努力程度相关。因此，这里的培养潜力将通过运动员来源和运动员的愿望实现程度来衡量。

调查显示，目前普通高校高水平运动员的技术等级总体情况为，国家二级运动员占50.70%，国家一级运动员占43.72%，健将级运动员占5.58%。可以看出，高水平运动员的招收级别主要集中在国家二级，其次为国家一级。从问卷统计情况来看，健将级运动员基本为省市运动队的退役运动员。

2. 教练员

高水平运动队的建设中，教练员在诸如运动员选材、训练计划制订与实施、运动队伍管理与控制、运动员素养提升等各方面具有决定性作用。本研究对我国30支普通高校高水平运动队共45名教练员（男教练36名、女教练9名）进行了问卷调查和访谈，问卷内容涉及教练员的基本情况、执训能力、知识结构和来源渠道等，提出提高教练员的各项待遇，增加对运动员的各种奖励。除了使用科学、合理的管理制度来规范化优秀运动员的管理以外，还应该采取一些激励机制来调动运动员和教练员的训练积极性。在调查中，运动员和教练员都提出一些期待，"建立奖励机制和权力保障机制，加强监管，加大投入"（运动员G），"多发一些生活补助"（运动员H），"激励运动员训练激情，奖惩分明"（教练员F），"建立高水平运动员统一管理体制和运动技术水平发展目标，建立运动员成绩达标的激励机制"（教练员G）。要使各项制度很好地落到实处，还需要一些物质、精神等方面的激励，当然，激励机制的实施需要大量经费做保障。

被调查对象的基本情况为：平均年龄40.86岁；本科学历占71.85%、硕士研究生学历占18.75%、博士研究生学历占9.38%；占教练员总数59.38%的教练员的运动技术级别为国家二级，其余均无级别等级；45名教练员均未获得国家统一认证的教练员级别等级证书。

(1) 来源渠道。

通过问卷调查统计，目前我国普通高校高水平运动队教练员来源渠道基本为：国家队退役运动员占2.16%、省市队退役运动员占2.66%、专职教练员占5.29%、高校体育教师占89.66%、其他来源教练员占0.23%。此现状表明，当前执训我国普通高校高水平运动队的教练员基本来自高校体育教师。

究其原因发现，当前教师的学历是国家有关部门考核普通高校整体办学水平的重要指标之一，另外，高校为了提高竞争力和生存能力，自身也加强了对教师学历水平的要求。因此，调查中显示的普通高校教练员学历水平普遍较高，这一点与现实相符。然后，这样做也存在一个问题，那些具有较高运动技术水平的各层次退役运动员，因其不具备普通高校所要求的学历层次，因此被拒于高校的大门之外，这样就切断了普通高校获得优秀教练员的一条重要渠道。因此，建议有关人才培养部门可以根据一些项目的特点，综合考核教练员的各项素质，可以适当降低对教练员的学历要求。

（2）执训能力。

教练员的执训能力，主要指教练员在运动员训练过程中的组织和领导能力、理论讲解能力、技术动作示范能力和对训练工作的积极性等方面的综合素质。对于我国普通高校高水平运动队教练员执训能力的分析，主要通过运动员对教练员的满意度来体现。通过对241名高水平运动员调查显示，运动员对教练员的满意度依次为“很满意”占7.87%、“满意”占31.48%、“一般”占37.04%、“不满意”占16.20%、“极不满意”占7.41%，具体见图11。在访谈中，运动员对教练员也提出了要求，比如“加强高等院校师资力量的培训，提高教师教学水平”“提高教练员专业水平，确保训练质量”等。

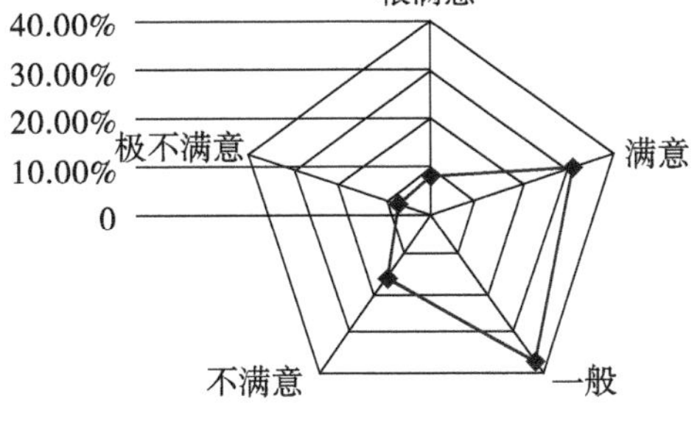

图11　我国普通高校高水平运动队教练员执训能力满意度现状图

（3）培训提高。

经调查显示，教练员的知识结构有待完善。访谈中运动员指出，有些教练员“缺乏理论课知识的讲解，有时几乎没有技术理论课”。因此，教练员必须利用或自己创设各种机会学习，如培训、外出学习等，来提高自己各方面的理论知识和实践技能水平。

针对教练员的培训情况，这里对教练员近年参加省市级以上教练员培训学习的次数进行调查统计（图 12），结果显示，“没有参加过”任何形式的培训的教练员占 40.63%；仅“参加过 1 次”培训的教练员占 31.25%；“参加过 2 次”培训的教练员占 28.13%；“参加过 3 次及以上”培训的教练员人数为零。另外，张舒扬对山西 9 所招收高水平运动员的普通高校的 35 位教练员培训现状调查后发现，近 40% 的教练员从未经过专门的带队训练科目培训[1]。可见，普通高校在教练员的培训和促进教练员专业发展方面比较薄弱。

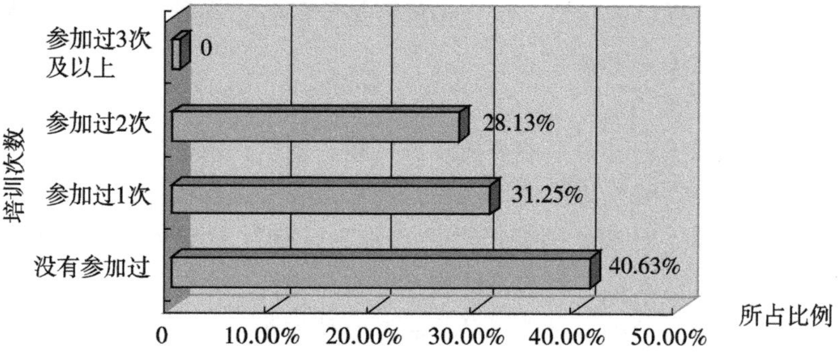

图 12　我国普通高校高水平运动队教练员培训现状图

调研中，教练员和运动员都提出通过培训改善教师的知识结构的愿望：“首先加强高等院校师资力量的培训，提高教师教学水平”（运动员 C），“希望能有更多培训、外出学习和交流机会”（教练员 D）。基于前文对教练员的来源现状调查可知，目前我国普通高校教练员基本由其院校体育教师兼职，然而体育教学与运动训练在内容、形式、目的、方法等方面存在很大差别，因此，体育教师要想胜任教练员的角色，就必须经过教练员的专业培训。否则，可能会事倍功半，其结果直接影响我国普通高校优秀运动员的培养绩效。

3. 管理因素

曾有人这样评价运动队的管理：“三分训练，七分管理”，这足以

[1] 张舒扬. 高校高水平运动队绩效评价体系构建的研究——以山西省为例 [D]. 太原：山西大学，2007.

说明管理工作对于运动竞技水平的提高乃至运动队的建设非常重要。访谈中，运动员 D 提出："完善对高水平运动员的管理，提高对高水平运动员的重视。"运动员 E 也建议："高水平运动队的组织管理有待提高，多参加比赛提高运动技术水平和队伍整体水平。"运动员 F 提出："科学化管理，系统化训练。"某教练员提出："制定高水平运动员学习、训练的具体规划，保证运动员的训练时间和训练质量。"因此，必须通过制度建设来规范运动员的培养过程。

（1）招收管理。

运动员对管理工作的满意度调查显示，"不满意"占 35.65%，"极不满意"占 12.96%，见图 13。这说明差不多有一半运动员对所在院校的管理工作表示不满。可见，目前我国普通高校高水平运动队的管理效率和水平有待提升。

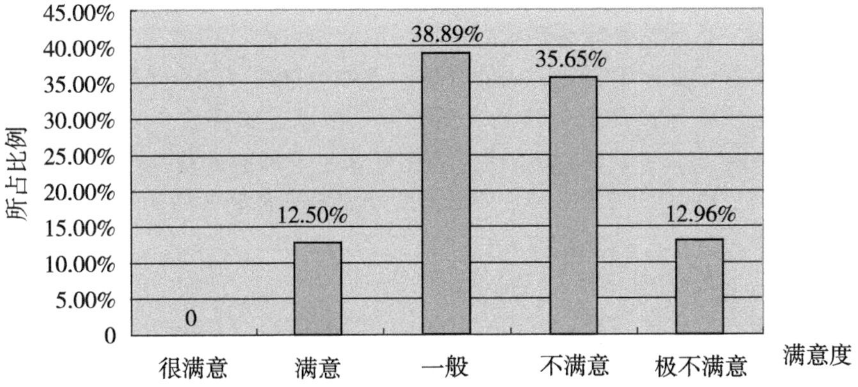

图 13　我国普通高校高水平运动员对管理工作满意度现状图

针对管理工作的现状，通过对教练员的调查也印证了上述结论。调查结果显示，48.61% 的教练员对其所在院校当前的管理工作不满意或极不满意，见图 14。

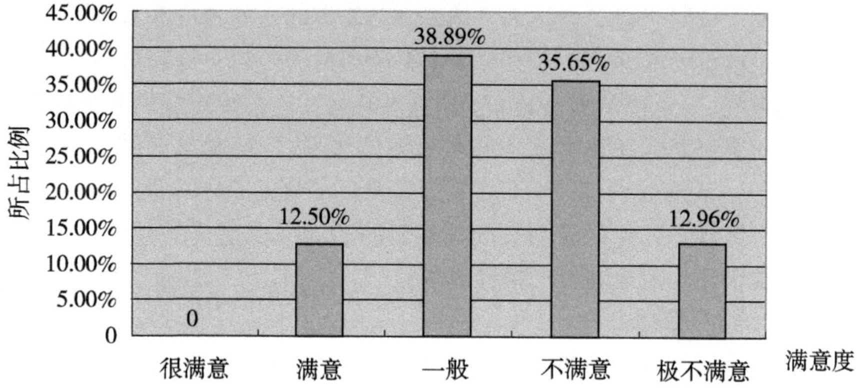

图 14　我国普通高校高水平运动队教练员对管理工作满意度现状图

另外，北京理工大学高水平足球队连续三年荣获全国大学生足球联赛冠军，并于 2006 年顺利晋级中国足球乙级联赛。可以说，北京理工大学高水平足球队是普通高校高水平足球队建设的成功典范，这在很大程度上得益于其科学、规范化的管理。正如潘登在《北京市体教结合培养高水平大学生运动员现状及对策研究——以北京理工大学足球队为例》一文中将其成功归结为："北理工高水平足球队的成功绝不是一个偶然事件，特别值得其他高水平运动队学习和借鉴的经验是领导全方位支持和学校规范合理的管理方式。"[1]

（2）竞赛管理。

赛事组织是运动员培养实践的指挥棒。运动队的创办与训练的目标是参加体育比赛，只有通过比赛才能激发运动员和教练员日常的训练热情，实现提高运动竞技水平的目的，并能够从赛事举办过程中发现优秀运动员。本研究通过对普通高校高水平运动队教练员和运动员两个不同群体有关影响运动成绩的主要因素调查发现（图 15），教练员执训能力因素占 27.60%，运动员自身因素占 26.30%，竞赛体制问题占 19.10%，管理中存在不当占 17.60%，物质条件保障占 9.40%。通过对统计数据分析，高水平运动员成才率低下的原因中，"竞赛体制不够合理"导致运动员"缺乏参赛机会，致使训练和比赛没有很好地结合"等因素占有很大的比重，可以发现竞赛组织的合理性具有很重要的作用。同时，访谈发现，由于比赛组织的欠合理性，很多高水平学生运动

〔1〕 潘登. 北京市体教结合培养高水平大学生运动员现状及对策研究——以北京理工大学足球队为例［D］. 北京：首都体育学院，2008.

员在大学就读期间没有参加过一次比赛就毕业离校了。

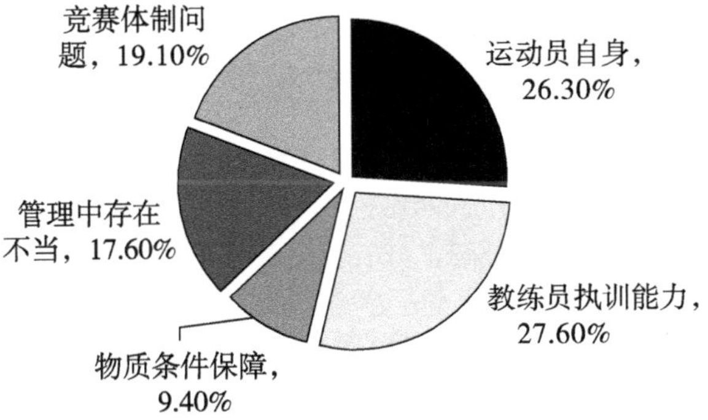

图 15　我国普通高校高水平教练员和运动员对运动成绩影响因素调查图

（3）建设规划。

建设规划，是指招收院校对于高水平运动队的建设目标定位。目前由于招收院校仅把高水平运动员的招收当作是高等教育的一项工作，未能很好地贯彻国家高水平运动队创办的初衷和目的，从而在办队过程中缺乏发展方向与动力，造成高水平运动队只是徒有虚名。

针对“制约高校高水平运动队绩效提高的主要因素”的现状调查发现：高水平运动队生源单一，基本为普通高中毕业生，运动级别较低占 21.20%；教练员认为自身执训能力存在不足占 19.40%；管理制度不健全致使训练队失去积极性占 17.10%；训练场馆器材基础条件不能满足正常训练占 5.60%；训练经费保障不够，不能维持日常训练开支占 19.20%；学校领导不够重视，缺乏发展方向与动力占 17.50%（图 16）。笔者分析认为，高水平运动队招收院校领导层面不够重视，忽视了国家创办高水平运动队为国家培养优秀运动员的初衷，在队伍建设中出现了经费、训练条件、发展目标定位等方面的问题，较为严重地制约了该校高水平运动队的绩效生成。

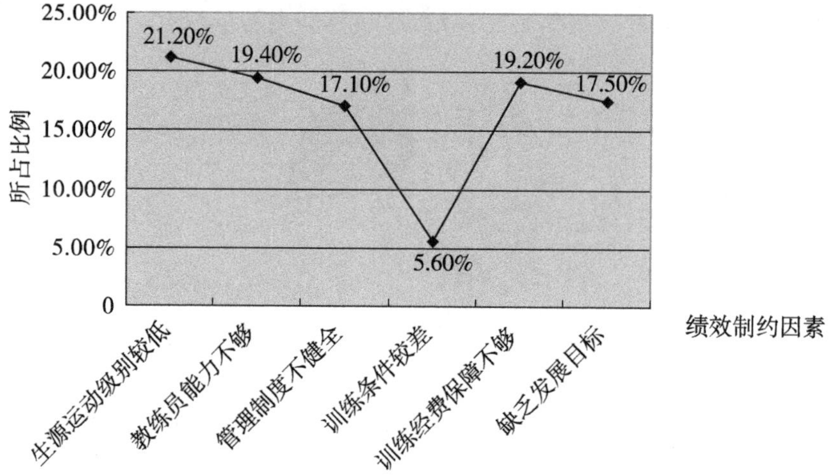

图 16　我国普通高校高水平运动队教练员对运动队绩效制约因素调查

4. 物质条件现状

实践证明，优质且配备合理的运动场馆等物质资源建设能够有效提高运动员训练的积极性和训练效果；反之，陈旧且配置不合理的场馆条件等制约着运动训练的效率。潘登通过对中国农业大学橄榄球队的运动成绩调查发现，该队 2006 年获得亚洲锦标赛冠军、亚运会代表中国队获铜牌。在总结其高水平运动队建设经验时指出，学校非常重视，每年为橄榄球队拨款建设经费为 40 万元。2007 年开始学校调整运动员补助每月 600 ~ 900 元，并且减免每名学生 5 000 元学费，同时依据比赛成绩发放奖金[1]。可见，场馆设施的建设水平、是否有一定的经费补充和奖励是能否激发运动员运动积极性的重要因素。

（1）场馆资源。

本研究对我国普通高校高水平运动队的场馆资源现状进行调查，主要通过运动员和教练员对其满意度的评价来反映，具体见图 17 和图 18。在调查和访谈中还反映出，运动员对于物质条件的不满意主要表现在训练经费、奖励制度和食宿条件方面，其次为场馆设施的完善度；教练员的不满意主要表现在工资薪水方面，对于场馆设施所持态度为基本满意。

〔1〕 潘登. 北京市体教结合培养高水平大学生运动员现状及对策研究［D］. 北京：首都体育学院，2008：12.

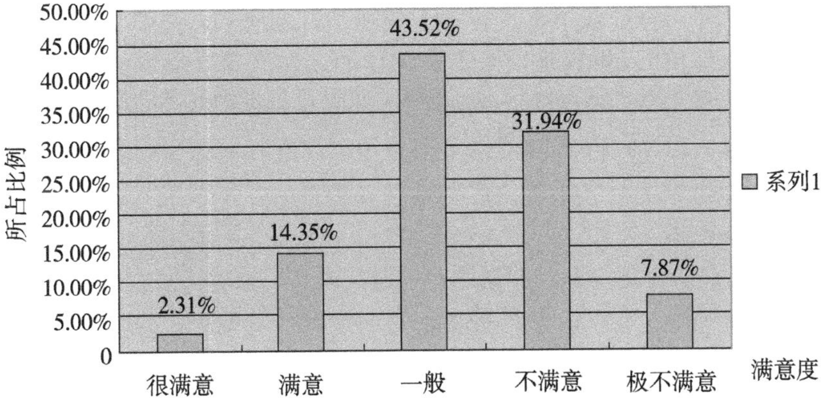

图17 我国普通高校高水平运动员对场馆设施的满意度现状图

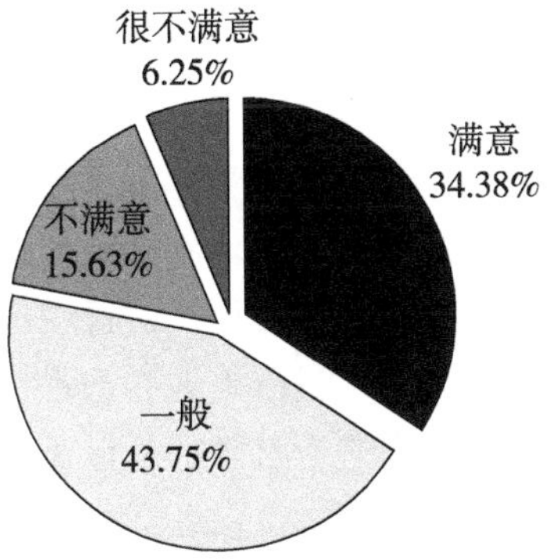

图18 我国普通高校高水平运动队教练员对场馆设施的满意度现状图

可见，目前我国普通高校高水平运动队训练的场馆设施基本够用，但有待于提高其建设水平以适应专业化训练的需求；重要的是要提高运动员和教练员的待遇和奖励，以保障训练工作正常运行，提高参训人员的工作积极性。

（2）经费支持。

保证运动队正常运转的基础条件是经费的支持，普通高校高水平运动队经费主要来自学校拨款。有关高水平运动队经费保障方面，教育部曾做过这样的规定[1]：为保证我国普通高校高水平运动队的正常发展，招收院校要确保专项经费的支持；为满足训练和比赛需求，

〔1〕 黄世光，王守力．我国高水平运动队发展的障碍与对策［J］．体育学刊，2012，19（4）：89－91．

各运动队年训练经费基本保持在人均1.5万元左右。然而，本研究通过对随机抽样的30所院校高水平运动队经费支持现状调查发现，占总调查数目95%的招收院校都不能达到国家要求的这个标准。相当部分院校仅在运动队参赛时提供食宿费用、比赛用服装等必需费用，常年正常训练根本不发任何经费，致使运动队训练常常陷入经费紧张的困境之中。

针对高水平运动队经费问题，本研究调查了运动队的教练员和管理人员两个群体人员对该校经费现状的满意度，发现："非常满意"占5.26%、"满意"占27.40%、"一般"占36.50%、"不满意"占22.15%、"极不满意"占8.69%。

（3）医疗监督。

医疗监督，是指对高校高水平运动员在训练、比赛过程中进行科学治疗和相关生理指标测定指导。随着国际竞技体坛竞争日益激烈，运动员竞技能力是训练、科研、管理、医疗、后勤保障等综合实力的体现。纵观国内外竞技体育优秀运动员人才培养实践，医疗监督对运动队的重要性不容忽视，诸多国家优秀运动员训练过程中的医疗问题已被竞技体育界列为训练活动的重要内容。我国奥运会选手培养过程依然如此，不仅从参赛运动员身体素质方面进行科学的医疗监督，而且对运动员的心理素质也进行一定的评价和辅导，以保证运动员在比赛中发挥自己的真实训练水平。对于运动员训练中的医疗问题，在《2001—2010年体育科技发展规划》中明确指出，无论从国家层面，还是各省市运动队监督管理部门，都要创建并完善优秀运动员创伤和医疗监督保障体系，充分发挥管理科学的计划、组织、控制三大职能[1]，为我国竞技体育事业发展提供坚实有力的后勤保障服务，全力推进国家竞技体育事业的发展。

因此，体育运动训练队伍建设中的这一重要的问题，本研究依然非常关注。通过对参加运动训练的运动员、教练员和管理人员对他们所在运动队医疗监督的满意度进行现状调研发现：认为"非常满意"占3.21%、"满意"占10.42%、"一般"占25.57%、"不满意"占52.12%、"极不满意"占8.68%，具体如图19所示。通过数据统计，

〔1〕 孙贵先，李肃反. 国家运动队医疗组织管理和制度建设的研究［C］. 中国科协2005年学术年会体育科学分会场论文摘要汇编，2005：116.

可以看到目前我国普通高校高水平运动队建设中，对于高水平运动员训练保障方面的医疗监督体系仍不完善，甚至匮乏。

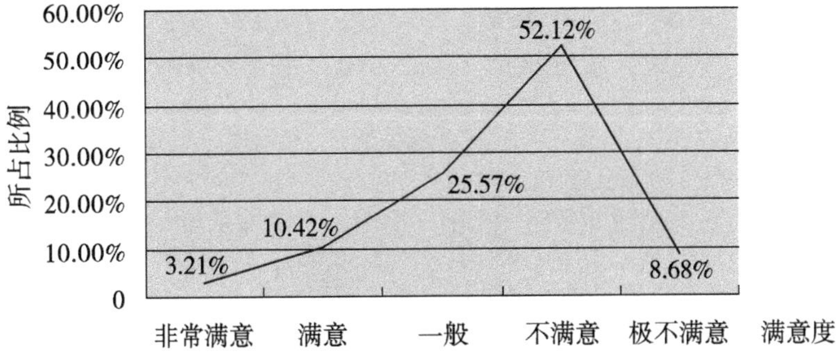

图 19 我国普通高校高水平运动队教练员和管理人员对医疗监督的满意度现状图

5. 训练效果

普通高校高水平运动员进入大学阶段学习，他们需要承担两个学习任务，即学习文化课程和提高运动技术水平。对于高水平运动队绩效考核问题，需要考虑运动员在校期间的学习效果和训练效果两个方面的因素。有关运动员的文化教育工作我国开始于 1960 年，抱着“对运动员要关心一辈子”的宗旨，运动队逐步配备专职文化课教师[1]。为此本研究主要调查分析了当前我国普通高校高水平运动队教学与训练效果、竞赛成绩现状。

（1）教学与训练效果。

教学与训练效果，指运动员在校期间文化课程的学习与运动训练的效果，也就是当前学术界在探讨高水平运动队主题时提及的学训矛盾问题。其二者关系对于主体（运动员）来讲，其实就是理论（文化课程）与实践（运动训练）之间的关系，理论来源于实践，又指导实践。然而，由于我国普通高校高水平运动员攻读专业的自主选择性，出现了文化课程与运动训练严重错位现象，致使学训矛盾长期突出，影响了教学与训练效果的提升。徐持忍[2]通过对复旦大学、上海交通大学等 11 所普通高校高水平运动队有关文化课学习与运动训练之间矛盾现状调查显

〔1〕 我国优秀运动队文化教育现状与发展研究 [EB/OL]．(2003－07－24) [2014－09－03]．http://www.sport.gov.cn/n16/n1152/n2463/127233.html.

〔2〕 徐持忍．上海市高校试办高水平运动队的现状及对策研究 [J]．上海体育学院学报，2006，30 (4)：31－35.

示，当前所有学校都存在学训矛盾问题且比较突出。本研究就“运动训练是否影响文化课学习”对运动员群体进行调查发现，“影响很大”占28.31%、“影响”占39.20%、“一般”占18.15%、“不影响”占10.87%、“不影响，反而促进”占3.47%，如图20所示。

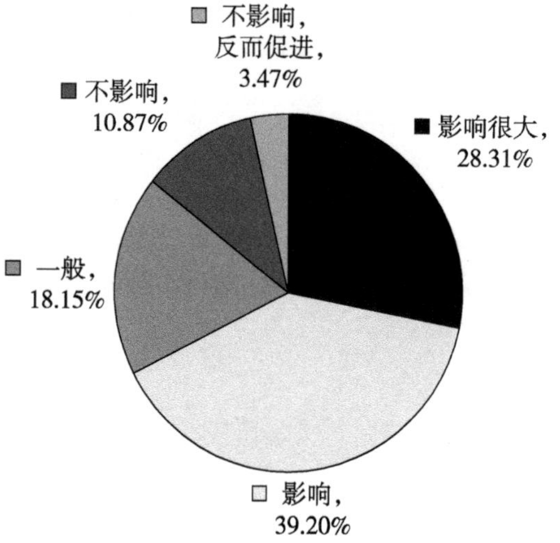

图20　我国普通高校高水平运动员教学与训练效果关系图

（2）竞赛成绩。

运动队的竞赛成绩是运动训练的效果的直接体现，更是运动队追求的最终目标。对我国普通高校高水平运动队来说，运动成绩的优劣将决定国家创办其初衷的实现与否。

为了较全面地分析当前我国普通高校高水平运动队运动竞技水平，本研究以2014年在北京体育大学举办的第14届全国大学生田径锦标赛竞赛成绩为依据。首先，对组别的选定。本次竞赛规程规定，“甲A组：凡属按照普通高等学校招收高水平运动员办法录取的学生以及体育大学（学院）、师范类院校的体育专业学生，从未在中国田径协会注册，或已在中国田径协会注册，但在2012—2014年未参加过全国田径锦标赛（室内赛、越野赛、竞走赛）、全国田径分站赛、分区赛、冠军赛、大奖赛及总决赛（以成绩册为准）。甲B组：凡属按照普通高等学校招收高水平运动员办法录取的学生以及体育大学（学院）、师范类院校的体育专业学生，已在中国田径协会注册并在2012—2014年参加过全国田径锦标赛（室内赛、越野赛、竞走赛）、全国田径分站赛、分区赛、冠军赛、大奖赛及总决赛（以成绩册为准）”。笔者通过对比发现，甲B组的竞赛成绩优于甲A组，只是在甲B组中有体育大学（学院）学生参加，更体现出高水平运动队的竞技水平。其次，通过对目前我国具有招收高水平运动员的院校及招收项目资格来看，田径项目是招收高水平运动员院校数量最多的项目，所以以该次运动会竞赛成绩进行研究分析具有一定的代表性。最后，在分析项目选择方面主要依据田径项目分类法，分为跑、跳、投3个大类。跑类项目主要选取100米和800米；跳类项目选取跳高和跳远；投类项目选取铅球和标枪。男子各项目前八名成绩具体见表7至表12，女子各项目前八名成绩具体见表13至表18。

表7 2014年第14届全国大学生田径锦标赛男子甲B组100米决赛成绩

全国纪录：10.00s 大学生纪录：10.34s 健将：10.50s 一级：10.93s

名次	姓名	单位	成绩/s	运动等级
1	苏炳添	暨南大学	10.28	健将
2	潘欣玥	南京大学	10.46	健将
3	朱炳霖	青岛大学	10.58	一级
4	许周政	华东理工大学	10.66	一级
5	张俊鹏	北京体育大学	10.67	一级
6	陆嘉腾	上海大学	10.78	一级
7	杨展麟	清华大学	11.62	
8	张咏	天津科技大学	DNF	

表8 2014年第14届全国大学生田径锦标赛男子甲B组800米决赛成绩

全国纪录：1:46.32 大学生纪录：1:49.92 健将：1:51.00 一级：1:54.50

名次	姓名	单位	成绩	运动等级
1	马海峰	哈尔滨工业大学	1:53.69	一级
2	李海涛	清华大学	1:53.95	一级
3	曹少波	浙江工业大学	1:54.00	一级
4	李磊	中国海洋大学	1:54.02	一级
5	李连军	宁波大学	1:54.18	一级
6	宫向阳	中国石油大学（华东）	1:54.31	一级
7	王龙	陕西师范大学	1:55.48	
8	孙伟	北京理工大学	1:57.66	

表 9　2014 年第 14 届全国大学生田径锦标赛男子甲 B 组跳高决赛成绩

全国纪录：2.39m　大学生纪录：2.27m　健将：2.20m　一级：2.00m

名次	姓名	单位	成绩/m	运动等级
1	李朋	南昌大学	2.18	一级
2	李钊	同济大学	2.11	一级
3	高书严	浙江大学	2.05	一级
4	林放	四川大学	2.00	一级
5	冯云光	中国人民大学	2.00	一级
6	任航	首都体育学院	2.00	一级
7	王义杰	北京交通大学	1.90	
8	查松山	南京工业大学	DNS	

表 10　2014 年第 14 届全国大学生田径锦标赛男子甲 B 组跳远决赛成绩

全国纪录：8.47m　大学生纪录：8.12m　健将：7.80m　一级：7.30m

名次	姓名	单位	成绩/m	运动等级
1	张宇	浙江大学	8.14	健将
2	黄常州	电子科技大学	8.12	健将
3	高超	山东中医药大学	7.84	健将
4	林清	华侨大学	7.77	一级
5	谢雷	山东大学	7.75	一级
6	李敏轩	华中科技大学	7.72	一级
7	李庞帅	清华大学	7.52	一级
8	罗志勇	湖南师范大学	7.48	一级

表 11　2014 年第 14 届全国大学生田径锦标赛男子甲 B 组铅球决赛成绩

全国纪录：20.41m　大学生纪录：19.85m　健将：18.00m　一级：16.20m

名次	姓名	单位	成绩/m	运动等级
1	李俊	南京航空航天大学	17.30	一级
2	左世豪	北京师范大学	17.19	一级
3	付庆男	同济大学	15.77	
4	于立群	南京师范大学	15.50	
5	李鑫鹏	哈尔滨工业大学	14.33	
6	郑亦言	北京科技大学	14.15	
7	孙嘉伟	南昌大学	13.71	
8	王立克	中国矿业大学（徐州）	DNS	

表 12　2014 年第 14 届全国大学生田径锦标赛男子甲 B 组标枪决赛成绩

全国纪录：84.29m　大学生纪录：76.32m　健将：71.00m　一级：66.10m

名次	姓名	单位	成绩/m	运动等级
1	赵海亮	哈尔滨工业大学	64.34	
2	陈邦立	华侨大学	62.46	

表 13　2014 年第 14 届全国大学生田径锦标赛女子甲 B 组 100 米决赛成绩

全国纪录：10.79s　大学生纪录：11.57s　健将：11.70s　一级：12.33s

名次	姓名	单位	成绩/s	运动等级
1	林慧君	北京体育大学	11.82	一级
2	梁翠敏	暨南大学	11.98	一级
3	洪嘉宝	暨南大学	12.03	一级
4	田雯	南京师范大学	12.09	一级
5	王晓熙	南京大学	12.20	一级
6	詹晴晴	北京体育大学	12.24	一级
7	杨红光	天津财经大学	12.32	一级
8	关宇微	中国矿业大学（徐州）	12.34	

表 14　2014 年第 14 届全国大学生田径锦标赛女子甲 B 组 800 米决赛成绩

全国纪录：1:55.54　大学生纪录：2:04.35　健将：2:06.00　一级：2:12.80

名次	姓名	单位	成绩	运动等级
1	刘芳	北京体育大学	2:11.44	一级
2	姚婕娜	清华大学	2:13.98	
3	王欣	内蒙古科技大学	2:15.52	
4	肖浩然	内蒙古科技大学	2:19.30	
5	王静	兰州交通大学	2:22.01	

表 15　2014 年第 14 届全国大学生田径锦标赛女子甲 B 组跳高决赛成绩

全国纪录：1.97m　大学生纪录：1.89m　健将：1.84m　一级：1.75m

名次	姓名	单位	成绩/m	运动等级
1	王林	北京体育大学	1.78	一级
2	王雪毅	华东师范大学	1.75	一级
3	金逸雯	华东师范大学	1.75	一级
4	赵健	曲阜师范大学	1.75	一级

续表

名次	姓名	单位	成绩/m	运动等级
5	武茵	清华大学	1.72	
6	祁琳	北京航空航天大学	1.69	
6	宋肖樾	山东大学	1.69	
8	张露予	北京航空航天大学	NM	

表 16　2014 年第 14 届全国大学生田径锦标赛女子甲 B 组跳远决赛成绩

全国纪录：7.01m　大学生纪录：6.45m　健将：6.35m　一级：5.85m

名次	姓名	单位	成绩/m	运动等级
1	蒋艳飞	中南大学	6.26	一级
2	王乌品	华侨大学	6.24	一级
3	周小雪	暨南大学	6.11	一级
4	江梅	湖北大学	6.11	一级
5	李颖	清华大学	6.08	一级
6	胡亚婷	四川大学	6.05	一级
7	陈牡丹	华侨大学	6.05	一级
8	周骞谦	中国人民大学	5.97	一级

表 17　2014 年第 14 届全国大学生田径锦标赛女子甲 B 组铅球决赛成绩

全国纪录：21.76m　大学生纪录：18.82m　健将：17.30m　一级：15.30m

名次	姓名	单位	成绩/m	运动等级
1	蔡懿琳	中南大学	16.20	一级
2	王萍	哈尔滨工业大学	14.67	
3	王岚	北京大学	12.95	
4	杨玉芳	广西师范大学	10.30	
5	罗葳	武汉大学	9.47	

表 18　2014 年第 14 届全国大学生田径锦标赛女子甲 B 组标枪决赛成绩

全国纪录：65.11m　大学生纪录：59.18m　健将：56.00m　一级：52.00m

名次	姓名	单位	成绩/m	运动等级
1	杜晓玮	北京体育大学	54.98	一级
2	马萍萍	天津师范大学	51.31	
3	黄鸣悦	清华大学	50.05	
4	刘雪	安徽工业大学	48.86	
5	杨玉芳	广西师范大学	47.65	
6	王萍	哈尔滨工业大学	45.97	
7	罗葳	武汉大学	40.26	

本研究通过分析第14届全国大学生田径锦标赛男子6个项目、女子6个项目的比赛成绩发现，达到健将级水平运动员100米项目仅2名、跳远项目仅3名，其余参赛运动员基本处于国家一级运动员水平，甚至占很大比例的高水平运动员竞技能力徘徊在国家二级运动员水平阶段。其中，女子竞技能力表现非常不理想，竟然没有一人达到健将级水平，说明目前我国普通高校高水平运动员田径项目的竞技水平整体不高。而且，具有高水平运动员招收资格的院校中，有154所高校招收田径项目高水平运动员，循此推理，我国普通高校高水平运动队竞技水平仍然不尽如人意。

（三）退役运动员就业目标实现现状

1. 继续深造

调查显示，高水平运动员攻读的专业主要集中在体育、中文、管理类学科门类，其中近54%的调查对象攻读体育以外的其他专业，具体见图21。这与国内目前高水平运动员的攻读专业的相关研究不谋而合，如谢恩秋曾对辽宁省12所高校高水平运动员的深造情况做过调查，结果显示，“外语专业占25.4%、新闻类专业占15.4%、体育类专业占13.7%、法学类专业占10.3%、其他各类专业共占35.2%”[1]。另外，在调查中发现，相当比例的高水平运动员虽然就读非体育专业，但其在“就业意向”中却选择了从事“体育类”工作的期望。池建[2]研究认为，招收进入普通高校的高水平运动员，由于他们在文化课学习方面有所欠缺，造成他们进入大学后学业压力非常大，让他们难以全身心地投入体育运动训练工作，更有部分高水平运动员对文化课学习产生恐惧等心理，最后造成放弃文化课、运动训练水平也未能提高这种尴尬的局面。闻兰、李志刚[3]认为：目前，普通高校高水平运动队建设存在培养目标与培养载体错位问题。如果不能解决这个问题，就会出现高水平

---

〔1〕 谢恩秋. 辽宁省高校高水平运动员高等教育的现状调查与对策研究［D］. 大连：辽宁师范大学，2009：11.

〔2〕 池建. 关于“高校试办高水平运动队政策”的解析［J］. 天津体育学院学报，2003，18（4）：75－77.

〔3〕 闻兰，李志刚. 普通高校高水平运动队建设的困惑与思考［J］. 上海体育学院学报，2010，34（6）：81－83，87.

运动员大学毕业后虽持有相关专业的文凭，但不具备实际能力的状况，造成国家教育资源和竞技体育资源的严重浪费。

本研究通过对在训高水平运动员就读专业和就业意向两个指标的调查显示，目前我国普通高校高水平运动员就读专业极其灵活，这主要是国家就招收普通高校高水平运动员的就读专业未做出明确规定，从而出现了高水平运动员进入高校后就读专业的多样性。由于就读专业与体育运动训练之间相关性较低，文化课学习与运动训练实践出现脱节，在二者相互作用于运动员时容易相互制约。再者，从他们的就读专业与就业意向可以发现，仅占 35% 左右的人毕业后想从事与体育相关的工作，这种培养模式与现实之间又存在不可逾越的距离。

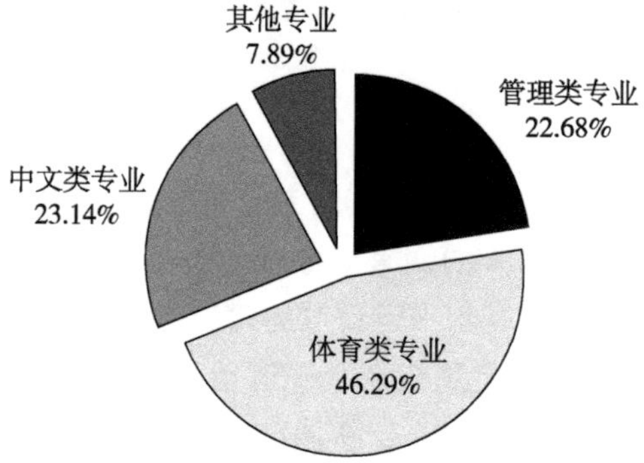

图 21　我国普通高校高水平运动员的就读专业现状图

2. 退役就业

(1) 就业意向。

运动员的就业意向，是指普通高校高水平运动员大学毕业后对未来工作的期待。高水平运动员的就业意向可以在一定程度上反映出其与专业选择、参训动机等的关系。通过就业意向指标，还可以透视运动员在参加体育训练过程中的动机和积极性。谢恩秋〔1〕通过对辽宁省 12 所普通高校高水平运动队 450 名运动员有关未来就业意向调查发现：理想中从事与体育相关职业占总调查人数的 35.8%，想从事其他职业占 64.2%。针对此问题，本研究就“运动员的就业意向”指标对在训运动员进行现状调查后发现：将来想“从事体育类职业”的占 41.67%，

〔1〕 谢恩秋. 辽宁省高校高水平运动员高等教育的现状调查与对策研究［D］. 大连：辽宁师范大学，2009：17.

“其他职业”的占35.65%，“继续跟队训练”的仅占4.63%，具体情况如图22所示。通过这些现状数据，我们可以发现高水平运动员群体大学毕业后从事体育类工作的意向不高，继续进入更高层次的训练队的动机不明显。

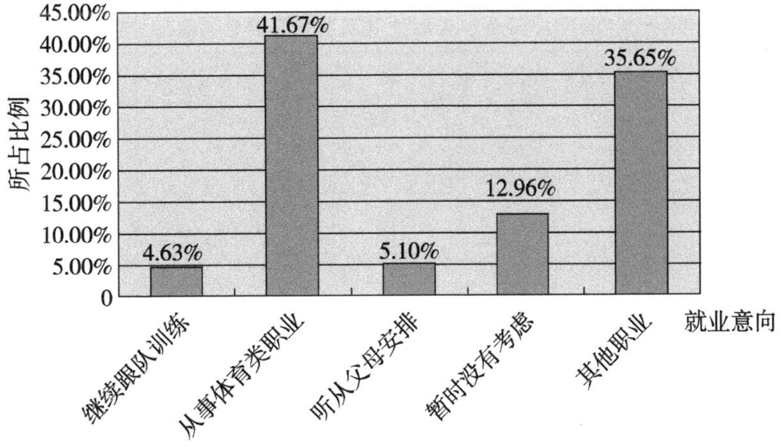

图22 我国普通高校高水平运动员的就业意向现状图

（2）就业率。

就业率，是指高水平运动员大学学制已满，毕业当年就业的人数与总人数的比例。就业率的大小关系着高水平运动队系统输出渠道的畅通与否，更是高校高水平运动队能否可持续发展的关键。本研究以教练员和管理人员两个群体为调查对象，针对毕业退役运动员就业率满意度进行问卷调查。其结果显示，“非常满意”占10%、“满意”占31%、“一般”占34%、“不满意”占18%、“极不满意”占7%。

三、国外竞技体育强国优秀运动员培养经验借鉴

纵观国际竞技体育格局，分析以奥运会为代表的重要国际体育赛事奖牌获得情况，我们不难看出诸如美国、俄罗斯（苏联）、德国等国家自从1896年现代奥运会以来，竞技体育代表团在奥运赛场有着非常优秀的表现。人们不禁要问：这些竞技体育强国在优秀运动员培养方面的经验是什么？带着这个问题本研究进行了比较深入的研究分析，这里仅选择一些非常有代表性的国家。选择的依据是从1896年第1届现代奥

运会，到2012年伦敦奥运会近30届奥运会的竞赛成绩排名情况，选择排名优于我国的国家（或地区）进行研究。通过对历届夏季奥运会前三名的国家进行统计（具体见表19），发现美国、俄罗斯（苏联）、德国3个国家获得总排名前三名的次数均超过中国。

表19 1896—2012年历届夏季奥运会前三名参赛国总名次排位情况统计[1]

国别	第一名次数	第二名次数	第三名次数	前三名总数	总名次数排序
美国	15	9	2	26	1
俄罗斯（苏联）	7	5	2	14	2
德国	1	4	6	11	3
瑞典	1	2	1	4	4
中国	1	2	1	4	4
法国	1		3	4	6
英国	1		4	5	7
芬兰		1	1	2	8
意大利		1	1	2	8
古巴		1		1	10
罗马尼亚		1		1	10
希腊		1		1	10
日本			2	2	13
匈牙利			2	2	13
澳大利亚			1	1	15
保加利亚			1	1	15

注：表中数据依据相关资料统计而得。

因此，本研究为了能够更加准确地评价世界竞技体育强国与我国的竞技体育实力，梳理了我国参加现代奥运会的竞赛历程。对1984年以来共8届夏季奥运会排名进行统计后发现（具体见表20），近20年以来，只有美国、俄罗斯和德国的竞技体育事业能与中国相提并论（由于1958我国为了维护领土主权问题自动退出奥委会，其间24年中国没有参加奥运会）。因此，本研究将主要以美国、俄罗斯、德国等国家大学竞技体育发展经验，以及优秀运动员培养模式运行特点为主。

---

〔1〕 马兆明. 我国竞技体育在国际竞技体坛中的定位与发展［J］. 吉林体育学院学报，2012，28（5）：18－21.

表 20　1984—2012 年历届奥运会中我国体育代表团获奖牌情况统计

时间	届别	举办地	名次	国别	金牌	银牌	铜牌	奖牌总数
1984 年	第 23 届	洛杉矶	第 1 名	美国	83	61	30	174
			第 2 名	罗马尼亚	20	16	17	53
			第 3 名	联邦德国	17	19	23	59
			第 4 名	中国	15	8	9	32
1988 年	第 24 届	汉城	第 1 名	苏联	55	31	46	132
			第 2 名	民主德国	35	37	30	102
			第 3 名	美国	36	31	27	94
			第 4 名	韩国	12	10	11	33
			第 5 名	联邦德国	11	14	15	40
			第 6 名	匈牙利	11	6	5	22
			第 7 名	保加利亚	10	12	13	35
			第 8 名	罗马尼亚	7	11	6	24
			第 9 名	法国	6	4	6	16
			第 10 名	意大利	6	4	4	14
			第 11 名	中国	5	11	12	28
1992 年	第 25 届	巴塞罗那	第 1 名	独联体	45	38	29	112
			第 2 名	美国	37	34	37	108
			第 3 名	德国	33	21	28	82
			第 4 名	中国	16	22	16	54
1996 年	第 26 届	亚特兰大	第 1 名	美国	44	32	25	101
			第 2 名	俄罗斯	26	21	16	63
			第 3 名	德国	20	18	27	65
			第 4 名	中国	16	22	12	50
2000 年	第 27 届	悉尼	第 1 名	美国	40	24	33	97
			第 2 名	俄罗斯	32	28	28	88
			第 3 名	中国	28	16	15	59
2004 年	第 28 届	雅典	第 1 名	美国	35	39	29	103
			第 2 名	中国	32	17	14	63
2008 年	第 29 届	北京	第 1 名	中国	51	21	28	100
			第 2 名	美国	36	38	36	110
			第 3 名	俄罗斯	23	21	28	72
2012 年	第 30 届	伦敦	第 1 名	美国	46	29	29	104
			第 2 名	中国	38	27	23	88
			第 3 名	英国	29	17	19	65

注：表中数据依据相关资料统计而得。

（一）美国竞技体育优秀运动员培养研究

美国竞技体育事业的成功得益于其独特的人才培养模式。美国高校是竞技体育奥运会冠军的“孵化器”，美国已形成了成熟的竞技体育“院校化”模式。自1896年第1届现代奥运会至2012年共30届奥运会比赛中，美国获得金牌和奖牌的排名情况为：第一名15届次、第二名9届次、第三名2届次。另外，回顾历届奥运会的举办地发现，美国曾承办过4届奥运会，分别为圣路易斯、洛杉矶（举办过2次）和亚特兰大，是世界上举办现代奥运会次数最多的国家。

美国竞技体育经历百年发展，已经形成了适合于美国实际国情的竞技体育事业发展模式。透视美国竞技体育优秀运动员培养途径发现，美国优秀运动员的培养主要通过三种渠道：一是美国通过学校与学校之间的竞技体育赛事，激发学生竞技体育热情；二是地方政府主办各类别的竞技体育比赛，宣传体育文化，营造国家竞技体育氛围；三是以社区为主要组织单位的青少年体育运动会，培养青少年的体育兴趣。近年来，美国的竞技体育人才培养模式以“院校化”为主，形成了以学校为依托的“小学—中学—大学”和谐发展模式。罗巍〔1〕研究表明，美国为使学校体育作为竞技体育后备人才培养的基地，为保证学校优秀运动员培养工作的进行，早在1978年就颁布了《业余体育法》保障学校体育的有序开展。美国学校体育的主要特点是从基础教育到高等教育都是竞技体育与教育相结合的。其竞技体育运作模式是在国家宏观控制的条件下，通过市场调节以俱乐部为主要基地承办各种体育联赛，通过等级联赛为载体的一系列体育赛事进行体育的商业化、社会化，从而实现竞技体育学校的自我调节发展。美国竞技体育可谓是竞技体育走“院校化”发展之路的典范。

从组织结构来看，美国具有高效的管理组织。据Jasina和Rotthoff〔2〕研究显示，美国有各种开放和封闭的体育联盟，大多数北美体育联盟都是封闭的，并且每个赛季都以固定的团队形式运行。美国大学

〔1〕 罗巍. “体教结合”——建立优秀运动员后备人才教育培养机制研究［D］. 武汉：武汉体育学院，2007：19.

〔2〕 JASINA J, ROTTHOFF K. A model of promotion and relegation in league sports［J］. Journal of Economics and Finance, 2012, 36 (2): 303 - 318.

生体育协会（NCAA）成立于1906年，是美国大学竞技体育的主要管理机构，它的隶属关系不属于政府职能部门，也不能划入类似我国的社会事业单位，它被定义为非营利性质的社会团体。凌平、张柱[1]研究发现："NCAA严格遵循业余体育原则，不允许其成员学校招收职业运动员及退役的职业运动员"。此外，Begov、Kurz、Gabler等[2]认为，美国各学校还具有各种青年活动俱乐部、协会和组织，它们接收并训练运动员，它们还为智力残疾儿童提供专门教育。侯海波[3]研究发现：美国竞技体育组织机构受国家调控，其职能体现主要集中在美国大学生体育协会和美国奥林匹克委员会。其主要层次结构如图23所示。

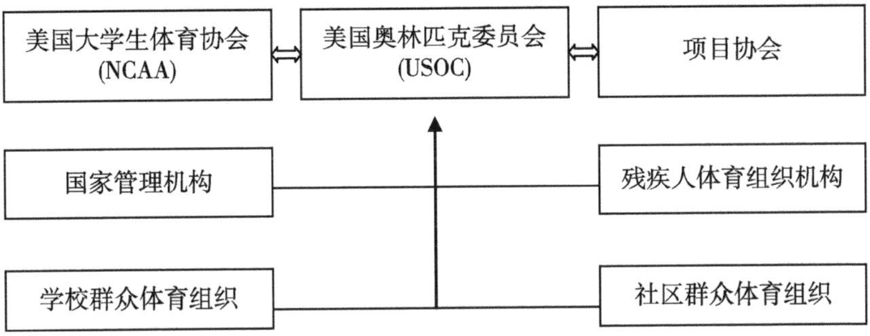

图23 美国竞技体育发展结构图

从培养基地来看，美国青少年竞技体育后备人才培养主要依靠各级各类学校，主要通过丰富的运动训练与比赛、高额的奖学金制度、严格的法律条文为保障措施，促使美国竞技体育具有坚实的后备人才基础。

从文化氛围来看，美国文化对竞技体育事业发展具有很大的推动作用。美国独具特色的竞技人才培养模式的形成绝非偶然，它必然根源于某种教育理念或文化价值观。蒋玉跃、杨东亚和齐伟对美国竞技体育发展的文化基因探索后指出，"自由教育理念与职业体育价值观的互动与融合形成了独具美国特色的竞技体育人才培养模式"[4]。

---

[1] 凌平，张柱. 关于美国招收学生运动员管理制度的研究［J］. 山东体育学院学报，2002，18（3）：15－19.

[2] BEGOV F，KURZ D，GABLER H，et al. Sport from the Educational and Psychological Points of View.［M］// BAITSCH H. The Scientific View of Sport. Berlin，Heidelerg：Springer－Verlag，1972.

[3] 侯海波. 美国竞技体育体制研究［D］. 上海：中国海事大学，2003：10.

[4] 蒋玉跃，杨东亚，齐伟. 美国竞技体育人才培养模式的文化基因［J］. 体育文化导刊，2003（5）：59－61.

郁庆定、吴昕[1]研究认为：竞技体育在美国被称为“第二宗教”，因为美国人把竞技体育看作是公民的一种职责，是一种精神财富，一种独特的宗教意识形态的崇拜。与其具有不同认识的研究有，Denhart、Villwock 和 Vedder[2]研究指出，竞技体育的发展会促使美国形成一种充满竞争和冒险精神的社会文化，这尤其体现在美国的高校和学院之间。

（二）俄罗斯竞技体育优秀运动员培养研究

苏联未解体之前体育属于中央集权式管理，其竞技体育代表团在国际体育大赛中表现非常优秀。从 1896 年至 2008 年共 29 届现代奥运会以来，其历届奥运会比赛中共获得金牌总数 395 枚，奖牌总数第一名总次数高达 7 次，奖牌总数 1 017 枚，仅次于美国位列第二。苏联解体后，俄罗斯的竞技体育事业发展仍然非常突出，体校在俄罗斯竞技体育人才培养中发挥着重要作用。

苏联解体后，俄罗斯体育体制的基础和苏联时期一样依然是体校，但非政府体育组织的作用逐步增大。俄罗斯优秀运动员培养主要依靠国有体校、学院、俱乐部，大部分都是由国家参与投资和管理，包括所属军队的训练机构，市场化职业俱乐部仅占少数。俄罗斯竞技体育发展在继承苏联成功经验的基础上，对现行竞技体育制度管理和优秀运动员培养模式进行了改革。改革后的俄罗斯竞技体育发展模式主要表现为两个方面：第一，俄罗斯将政府的职能部门的职责划分得更清晰，政府机构在竞技体育事业发展中处于体育问题总协调的地位，负责参与体育赛事的工作主要由体育项目协会负责；第二，重新确定了俄罗斯国家奥委会为俄罗斯体育社会团体的主要机构，负责国家优秀运动员培养、输送、退役就业等一系列重大事宜；该机构对俄罗斯学校体育，尤其是学校层面青少年体育运动员培养进行监督管理。

由此可见，不论是苏联，还是俄罗斯都十分重视学校体育工作发

〔1〕 郁庆定，吴昕．中美普通高校培养高水平运动员的比较［J］．中国学校体育，1998（5）：72－73.

〔2〕 DENHART M，VILLWOCK R，VEDDER R. The Academics － Athletics Trade－Off：Universities and Intercollegiate Athletics. ［M］// HALL J C. Doing More with Less：Making Colleges Work Better. New York：Springer，2010.

展。简捷、樊晨光[1]统计发现，俄罗斯国家所有竞技体育项目发展中，90%以上的运动员是各种体校培养出来的，体校为俄罗斯培养了大量的优秀运动员人才，为国家竞技体育事业发展做出了重大的贡献。另外，俄罗斯在体校的发展模式上推出了新的方式，如网球、体育舞蹈、花样滑冰等项目建立了许多收费的商业性运动学校，为体校的发展提供了物质基础条件的保障。

（三）德国竞技体育优秀运动员培养研究

德国竞技体育发展仅次于美国、苏联两个国家，属于第三竞技体育强国。自1896年现代奥运会到2008年北京奥运会以来，德国竞技体育代表团进入历届夏季奥运前三名的次数总和为11次，共获得187枚金牌、666枚奖牌的优异成绩。

德国尚未统一前，民主德国为了证明社会主义制度优于联邦德国的资本主义制度，实行竞技体育举国体制。根据Carl[2]的研究显示，Krümmel（1930）所著《田径运动——生活所需体育运动训练》一书可以看作是最早尝试在德国提出训练和竞技活动的一般概念的著作。早期一段时间德国致力于发展竞技运动训练的一般理论和方法，并一直持续到第二次世界大战之后。值得一提的是，在集权控制下Harre[3]所著的一些著作中采用苏维埃政府的一些方法和知识。孟莲芬[4]提出，德国竞技体育事业发展的主要载体是体育俱乐部，体育俱乐部承担了德国全民健身和竞技体育优秀运动员培养的重任。而体育俱乐部的管理方式主要分为俱乐部独立管理、自我负责盈亏两种。在德国，优秀运动员苗子通过学校体育选拔出来后，输送到体育俱乐部进行重点培养，为此体育俱乐部拥有全国最优秀的教练员、科研人员、医疗人员和大量的竞技体育优秀运动员人才。

---

[1] 简捷，樊晨光．从数字看俄罗斯体育［N］．中国体育报，2002-10-25（5）．

[2] CARL K. Training science：Fundamental Aspects.［M］// HAAG H. Sport Science in Germany. Berlin，Heidelerg：Springer-Verlag，1992.

[3] HARRE D. Einführung in die allgemeine Trainings-und Wettkampflehre. In Introduction to general theory of training and competition［M］. Leipzig：Thieme，1975.

[4] 孟莲芬．民主德国体育运动腾飞的两条战略措施［J］．上海体育学院学报，1990，14（1）：55-57.

德国统一以后，重新崛起的德国人专心致力于“经济大国”目标，而相对淡化了以竞技体育证明国家综合实力的思想，以至于德国在巴塞罗那和亚特兰大奥运会中失利。但是，争强好胜的民族个性早已渗透于德国人价值体系中，“届时德国不只是一个工业大国和世界大老板，而且还想扮演国际宪兵和世界警察，它想在各方面都起到表率作用，所以他们的竞技体育运动绝对不会落后于人”〔1〕。德国于是奋起直追，Carl〔2〕研究显示，在20世纪70年代，联邦德国在体育科学中专门独立出一门学科来系统地审视运动训练中的问题。目前，德国竞技体育管理与发展模式仍以体育俱乐部为主要形式。

（四）日本竞技体育优秀运动员培养研究

纵观历届国际重大体育赛事，尽管日本这个国家体育代表团取得竞赛成绩不是特别突出，但是日本也在亚洲竞技体坛占有一席之地。尤其是2000年第27届悉尼奥运会以来，日本将竞技体育事业发展更加重视起来，成立了“中央代表制”为主导的文部科学省体育局，以此最高权力机构，协调处理国内体育组织间的信息沟通，提高竞技体育事业发展。果然不负日本人民希望，2004年第28届雅典奥运会上，日本体育代表团在田径、体操、柔道、游泳、摔跤5个大项目中获得16枚金牌、9枚银牌和12枚铜牌的优异成绩，将日本在上届奥运会15位的排名提升到第5位，使日本竞技体育事业得到了突飞猛进的发展。

日本的这种集权控制模式，体现了他们权责划分界限明确、层次分明的优点。从经费支持方面来看，日本的竞技体育发展经费主要依靠政府拨款、社会捐助、企业赞助，以此获取优秀运动员培养经费。

（五）澳大利亚竞技体育优秀运动员培养研究

澳大利亚是典型的市场经济体制国家。

澳大利亚在国际竞技体坛并非绝对意义上的强国，但这个国家对竞

---

〔1〕 凌平，李寅生．德国统一前后竞技体育发展的社会学分析和展望［J］．天津体育学院学报，1993，8（1）：22－26.

〔2〕 CARL K. Training science：Fundamental Aspects.［M］// HAAG H. Sport Science in Germany. Berlin，Heidelerg：Springer－Verlag，1992.

技体育的热衷程度却很高，值得我们借鉴。自1896年现代奥运会以来，澳大利亚都派运动员参加奥运会比赛，虽然从第1届至第14届该国运动员的比赛成绩并不理想，获得金牌数量仅在3~4枚，但这样的竞赛成绩没有挫伤澳大利亚人参加比赛的积极性，直到第15届奥运会时期竞技技能有所好转。在第16届墨尔本奥运会上，澳大利亚体育代表团通过顽强拼搏取得了历史上最好的成绩，获得13枚金牌，极大地鼓舞了他们的士气。至此之后，澳大利亚的竞技体育成绩就开始下滑，国民感受到了前所未有的压力，引起了国家政府的高度重视。

遭受过竞技体育事业失利后的澳大利亚政府，于20世纪80年代开始实施“精英计划”，并将该计划界定为发展竞技体育的基本纲领，视该计划为澳大利亚参加奥运会最高目标。为保证“精英计划”的有效实施，国家将竞技体育优秀运动员培养的重任交给全国9所体育院校，并成立了最重要、级别最高的体育管理机构“体育运动委员会”，并在各州政府设有体育发展局，负责制订各州的竞技运动发展规划，设置奥运项目，确定重点项目和发展目标，澳大利亚对竞技体育的投入重点在国家、州级训练基地或体育学院。从经费支持方面国家开始加大体育经费投入的力度，澳大利亚的竞技体育成绩有所回升，直到2000年第27届悉尼奥运会上取得金牌16枚，金牌总数在本届奥运会奖牌榜上排名第四位，从此该国彻底扭转了20多年竞技成绩连续下降的局面。综合来看，澳大利亚竞技体育回升的经验主要是政府的高度重视，经费投入由政府直接负责，管理保障体系有力；再者，澳大利亚将竞技体育发展的任务交给体育学院，发挥了体育专业学校的特色。

四、本章小结

我国普通高校高水平运动队是国家实施竞技体育“院校化”培养模式的产物。其一方面为培养较高文化素质的优秀运动员创设了良好的教育条件；另一方面为各类退役运动员继续学习深造提供了平台。由于种种原因，我国普通高校优秀运动员的培养效果与国家设立竞技体育“院校化”培养目标相差甚远，针对这一绩效差距，本章分析了产生绩效问题的根本原因，并提出相应的解决对策和具体方案。本章的主要研究成果为以下内容。

（1）梳理了国家有关部门关于建设高水平运动队的一系列政策文件。这为正确理解高校高水平运动队的建设情况提供了参照。

（2）分析了普通高校高水平运动队的建设现状及特点。这为分析高水平运动员的培养过程及其绩效奠定了基础。

（3）从运动员、教练员、管理人员和物质条件等方面分析了高校高水平运动员的培养现状及存在的问题。经分析后认为，教练员的执训能力、运动员的招收级别、学训矛盾、制度建设和激励机制是制约高水平运动队竞技能力长期处于业余化水平的主要原因。

（4）针对产生问题的根本原因，研究提出有关部门应该建立、健全各项制度和激励机制；提升运动员的招收级别；限定攻读专业以及合理安排赛事组织等，通过这些策略和具体方案改进高校高水平运动员的培养绩效。

（5）竞技体育“院校化”培养模式在国内外都取得了显著的效果。本章就美国和中国等国家普通高校培养优秀运动员现状进行对比，分析各自人才培养的特点及成功的原因，并发现普通高校的体育文化建设和组织文化建设对优秀运动员的培养非常关键，而我国在这方面有待加强。

第三章 我国普通高校高水平运动队绩效评价指标体系构建

近年来，随着我国竞技体育“院校化”模式的不断推进，普通高校高水平运动队规模逐渐增大，教育部和国家体育总局倾注了大量的心血，各招收院校也投入了大量的人力、物力和财力用于队伍建设。但从我国派出参加国际体育大赛选手的来源可以看出，获得奖牌的运动员中来自高校高水平运动队的人数屈指可数。因此，我国普通高校高水平运动队办队绩效问题已然成为我们应该关注的焦点。普通高校高水平运动队绩效评价和督促改进工作的首要任务是筛选指标群，构建指标体系，其次是建立科学合理的绩效评价模型。做好这项工作不但对普通高校高水平运动队发展有重要意义，同时对我国竞技体育事业优秀运动员培养有着重要的价值。

综上所述，本章的研究目的有两个：一是构建一套我国普通高校高水平运动队人才培养过程的系统模型；二是根据该系统模型中的各项指标及主要影响因素，辅以主成分分析法和专家赋值法等，确定绩效评价指标体系的各项指标及其重要程度。

一、绩效评价指标体系构建指导思想

所谓指标体系，是指绩效考核中所使用较完整相对独立又有联系的指标组形成的指标群，并能较完整地表达评价要求的考核指标组的评价系统[1]。评价指标的选择是以评价对象为基础，选择具有操作性强的、可测量的、具体的指标。评价指标的选取依据一定的目标、原则和方法，系统、科学地进行构建，不应盲目地追求量化，而应根据实际情况

〔1〕 孙宗虎，西楠．绩效管理工作手册［M］．北京：人民邮电出版社，2012.

以定性指标为主，把定量和定性指标相结合，进而实现对评价对象绩效全面、客观、准确的衡量。高水平运动队绩效评价在我国还刚刚起步，学术界对于高水平运动队绩效评价的定义和内涵界定很少。本研究将严格遵照绩效考核指标构建思想，参考教育领域甚至企事业其他相关研究方法，结合竞技体育相关理论剖析高校高水平运动队绩效评价的定义和内涵。综合来说，本研究在探讨我国普通高校高水平运动队绩效问题评价指标体系时，主要依据以下三个方面的因素。

（一）依据国家政策文件，遵循国家创办初衷

国家对高校高水平运动队颁布的文件，对我国普通高校高水平运动队的发展起到引领性的作用。高水平运动队自 1987 年创办以来，教育和体育部门相继印发和颁布了大量的政策及法规文件指导和推进运动队伍建设，其中也包含大量高水平运动队发展的目标和标准，特别是 2001 年国家体育总局颁布的《2001—2010 年体育改革与发展纲要》（以下简称《纲要》）。《纲要》对今后我国竞技体育优秀运动员培养模式提出了重大的改革措施，要求未来我国竞技体育改革要走体教结合的“院校化”道路，发挥学校体育在竞技体育事业中的作用，让运动员苗子的培养回归教育，实现优秀运动员培养要逐渐向“院校化”过渡，以“小学—中学—大学”模式办队，建立培养全面发展的竞技体育人才的主要方向。2002 年，我国出台的《中共中央国务院关于进一步加强和改进新时期体育工作的意见》指出，努力抓好高水平运动员的体育训练和文化教育工作，标志着普通高校高水平运动队将要承担起国家竞技体育的重任，得到了教育和体育部门的高度重视。因此，我们要依据国家有关普通高校高水平运动队发展的政策方针，结合当前各院校运动队的实际，考虑借鉴已有“院校化”竞技体育领域的研究，体现运动队伍建设的实际动态特点，选择最具有代表性的指标，构建出能够反映普通高校高水平运动队竞技能力和发展程度系统的、科学的、完整的指标体系。

（二）依照国家创办初衷，分析绩效评价目标

我国普通高校高水平运动队的创办初衷早在 1986 年就已明确，国家相关部门相继颁布有关文件进行重申确认。2005 年，教育部、国家

体育总局《关于进一步加强普通高等学校高水平运动队建设的意见》明确指出我国普通高校高水平运动队的创办，目的是为国家培养全面发展的高水平体育人才，目标是完成世界大学生运动会、国际和国内重大体育赛事的参赛任务，为国家奥运争光计划和竞技体育可持续发展做出贡献。

实践表明，普通高校高水平运动队创办这么多年，仍然面临的一个问题就是运动员的竞技水平如何？国家从高水平运动队建设中得到了哪些“利益”？如何对当前高水平运动队的发展进行评价监管？武恩钧[1]对“高校竞技体育绩效评价”这一概念做过相关的研究。他认为，高校竞技体育绩效能力的表现判断，是指运用合理有效的统计学方法、管理学知识、系统学思路进行的绩效评价过程，即通过对现有的竞技体育实力进行相应指标的测定，运用定量分析和定性判断相结合的方法，客观、准确、科学、合理地判断该系统在运行过程中投入与产出的效益情况。

（三）坚持以评促建原则，实现办队持续发展

普通高校高水平运动队评价指标体系构建，其终极目标是通过绩效评价达到“以评促建”的目标，实现国家竞技体育“院校化”模式可持续发展。

竞技体育运动员人才培养是一个动态演进过程。评价指标体系的构建是一项复杂而严格的任务，不仅要分析到我国普通高校高水平运动队建设绩效的内在因素，还要考虑到国家政治、经济、文化和科技等外部环境因素。首先，准确界定指标的评价功能、遴选原则；其次，对指标进行独立性、鉴别力和权重等数理学的验证，从而保证指标体系既具有较强的操作性，又具备对我国普通高校高水平运动队建设实践效果的解释能力。为了避免评价体系出现盲目性、单向性和随意性，本研究建立在文献的基础上，结合高水平运动队发展实践，系统地选择评价指标，并最终确定评价指标体系。

普通高校高水平运动队绩效评价，是指在系统理论的指导下综合利

[1] 武恩钧．天津市高校竞技体育绩效评价与资源配置研究［D］．天津：天津大学，2006：39.

用体育学原理、管理学理论、统计学工具、计量学的理论和方法，对某一时期内高水平运动队优秀运动员培养系统中的教练员、运动员、管理人员以及物质条件等核心要素及其相互作用的效果进行分析，从而客观、公正地评判普通高校高水平运动队投入人力、财力、物力所产生的效益，并将评价结果反馈给被评价的个人、部门和组织，从而实现“以评促建”的目标。

二、绩效评价指标体系构建原则

吴俊芳、刘泉水、李绍成等认为：“绩效评价的主要目的是对评价对象的经济性、效率性和效果性进行评价，并提出增强绩效的建议改善管理，使其有更高的绩效表现。”[1]我们在开展绩效评价过程中，对于评价指标体系的构建，拥有一套科学、高效的绩效评价体系是前提条件。为使绩效评价具有实际意义，指标体系的构建必须坚持以下原则。

（一）科学性原则

科学性原则是指指标体系的构建必须依据体育学原理中有关优秀运动员培养的理论，所构建指标须科学、合理。科学性原则是指构建普通高校高水平运动队绩效评价指标体系要有相关的科学依据，不能凭空想象，理所当然。任何一个运动员培养系统的绩效评价指标体系的构建都要有一定的理论基础和实践基础。高校高水平运动员绩效评价指标体系的构建要以运动员人才培养的基本规律、教育系统的基本理论和高水平运动队创办的初衷为理论基础。

（二）目的性原则

目的性原则是指在绩效评价指标体系构建之前必须确定评价的目的任务。此目的任务将贯穿整个评价的过程，是绩效评价的出发点和落脚点。在评价过程中一旦出现评价指标体系与评价目标相偏离现象，由于

〔1〕 吴俊芳，刘泉水，李绍成，等. 高校竞技体育绩效评价标准的构建［J］. 甘肃科技纵横，2012，41（6）：138 - 140.

目的不同，评价内容和评判标准就不同了，这样的指标体系就失去了目的意义。因此，构建普通高校高水平运动队绩效评价指标体系要自始至终贯穿统一的目的，通过绩效评价手段和途径促进高水平运动队可持续发展。

（三）独立性原则

独立性原则是指评价指标间的隶属度高低问题，如果指标间的隶属度很高，说明这些指标独立性较差。评价体系所采用的指标，要符合我国普通高校高水平运动队建设的实践过程，要能够有效地反映系统运行中各要素及其关系，且指标能够解释整个高水平运动队的动态变化。所选指标应该能够客观、准确、真实地反映我国普通高校高水平运动队建设和发展的规律。指标体系构建和评价系统之间，应具有合理有效的逻辑关系。所选择指标之间不存在包含与被包含的关系，指标间无直接的因果关系，而相对于评价系统，各个指标又具有很好的解释力。

（四）可操作性原则

可操作性原则是指所选取的指标在研究中能够获取相关的信息，容易把握其现状。本研究中的指标来源于国家创办高水平运动队的政策方针，与国家高水平运动队建设的目标一致，并充分考虑到当前的现状特点，与教育环境和社会环境的现实相一致。评价指标的客观公正，能够保证数据来源的可靠性、准确性，同时要求评价指标能够科学地反映高水平运动队竞技能力及与其绩效有关的各个构成要素的水平，能够精确地测评对象，达成目标。选取构建的指标要求在全面反映评价内容、评价目标的基础上力求简洁，切实可行，便于实际操作获取数据，并且尽量与现有的数据相衔接。

三、绩效评价指标体系构建方法

经文献查阅可知，针对我国普通高校高水平运动队绩效评价的研究并不多见。研究者们对普通高校个别项目的高水平运动队评价进行了探讨分析，就其评价指标筛选和指标体系构建方法来看，相关文献主要运用了结构层次法、主成分分析法、个案分析法和综合分类法等，综合其众多指标确定方法，每一种方法都有其优点和不足。所以，在研究方法的选择方面，本研究主要体现高水平运动队的基本构成要素以及众多要素相对于国家创办高水平运动队的两个初衷之间的关联性。

（一）因素分析法

因素分析法，是指将评价对象分为具体的构成要素，通过对构成要素的把握再认识整体的思路方法，是运用绩效理论分析评价相关研究对象时常用的方法之一。我们在应用因素分析法时，首先，要理清评价对象构成要素的层次性和科学性，防止出现个人主观想象带来的猜测性因素；其次，因素分析法主要是通过局部推理而把握整体性质的一种方法，使用过程中注意分解与整合相结合、局部与整体相结合的研究思路。

还原论通过研究部分来反映整体；而整体论则强调从整体上认识事物，通过把握整体的性质来推论局部的特性。还原论避免了整体论认识事物时出现的直观性、猜测性、笼统性等不足；而整体论有效地克服了还原论在认识和处理问题时的零碎性和片面性。只有将还原论与整体论相结合，才能深刻地认识系统，准确把握系统的发展趋势。基于此，本研究在应用此方法时严格遵照教育学原理和体育学相关理论，建立在有关国家政策文件的基础上，分析我国普通高校高水平运动队的构成要素。然后，对其构成要素进行评价指标体系的建立，形成最终的评价指标体系。

（二）关键绩效指标法

关键绩效指标法，是指把将要进行绩效评价的对象转化为单个的考核指标要素。然后，通过微观分析方法了解系统的组成要素及其之间的相互关系，而宏观综合则是从结构、功能和过程的角度来认识高水平运动队系统。研究这个复杂系统必须了解系统的微观层次结构，然后再宏观综合分析其功能、结构和过程，即要将研究的微观分析和宏观分析相结合。复杂系统的内部要素通常表现为确定性和不确定性，对于处理确定的定量关系时需要在表述中采用符号化、数字化等数理计算和计算机模拟等，力求得到严密的逻辑体系，以便更好地运用，进行科学推理和解释事物。而对于偶然的、模糊的和不确定的关系，则需要在严密的科学推论基础之上进行哲学思辨，力图尽可能准确地预测其未来发展。

（三）360 度考核法

360 度考核法又称全方位绩效考核法，是指由与被评价者关系密切的人（通常是 4 个或 4 个以上），包括上级、同级、下属和顾客等，分别匿名对被评价者进行评价，此外，被评价者也可以自评。然后由专业人士综合评价结果向被评价者提供反馈，以帮助被评价者提高能力和改进绩效。360 度考核法打破了传统由上级考核下属的单一考核制度，较全面地反馈信息有助于被评价者多方面能力的提升。孙宗虎、西楠[1]认为，360 度考核法在具体实施中担任考核者的对象应该是被考核者的上级、同级、下属及考核者本人，达到从多视角多方位对被考核者的真实评价。遵循此方法，我们在普通高校高水平运动队绩效评价时选取了运动员、教练员、管理人员、专家学者四个群体人员对高水平运动队的绩效进行评判，如图 24 所示。

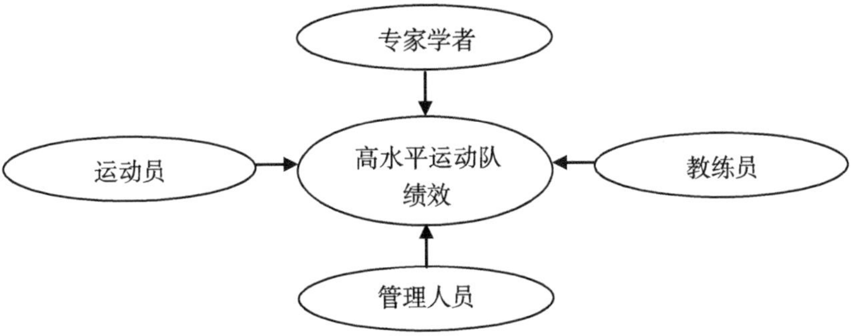

图 24　我国普通高校高水平运动队绩效 360 度考核

〔1〕 孙宗虎，西楠. 绩效管理工作手册［M］. 北京：人民邮电出版社，2012.

四、绩效评价指标体系构建过程

构建评价指标体系的过程，是建立在评价目标的基础上解决用什么考核评价对象的问题。而指标体系则是将一个现实中存在的事物通过与其相吻合的专业理论知识，运用绩效评价方法所构建出来的一种抽象结构体。通过对指标体系的理论评判，将评价结果转化到具体的评价对象实体进行价值判断。

绩效评价指标体系设计步骤一般包括评价目标分析、绩效指标库、目标值设定、关键绩效指标、指标体系验证等过程。然而，对于一个被评价对象进行判定时，绩效考核常用的方法有 360 度考核法、关键绩效指标法、目标管理法和平衡积分卡法。鉴于普通高校高水平运动队绩效评价指标为发展性指标，是通过诸多定量或定性的运动员培养要素指标来衡量高校高水平运动队的发展水平和现状，并且对其发展做出监测、指导和预测。为此，本研究中将运用 360 度考核法和关键绩效指标法，对我国普通高校高水平运动队办队绩效问题进行理论探讨和实践评价。

研究通过关键绩效指标法对评价对象的宏观目标进行层层分解后，产生具有可操作性的一系列关键绩效指标，将关键绩效指标当作评价标准。通常情况下，确定和选取评价对象的关键绩效指标的方法有三种，具体见表 21。

表 21　确定关键绩效指标的方法

确定方法	方法说明
标杆基准法	将评价对象的行为与本行业最好的对象关键绩效行为进行比较，分析形成这种关键绩效行为的原因，并在此基础上确定本研究对象的关键绩效指标
成功关键法	通过寻找评价对象的成功关键点，将这些成功的关键点进行重点监控和层层分解，从而选取用于对该评价对象的关键绩效指标
策略目标分解法	通过建立评价对象的目标综合指标，再对其目标评价指标进行监控，进而确立评价对象的关键绩效指标

本研究对我国普通高校高水平运动队绩效评价关键指标的提取，是建立在国家创办高水平运动队的目标和初衷基础之上的。我们主要通过

对国家竞技体育优秀运动员培养评价指标、国家颁布的相关政策文件、学术界相关研究的综合梳理，尤其是教育部于 2005 年和 2010 年两次对普通高校高水平运动队的评价指标的参考，提取了研究所需的高水平运动队绩效评价指标，从而形成了较为完整和科学的绩效评价指标体系。本研究从以下 3 个阶段系统地、有步骤地构建我国普通高校高水平运动队绩效评价指标体系，如图 25 所示。

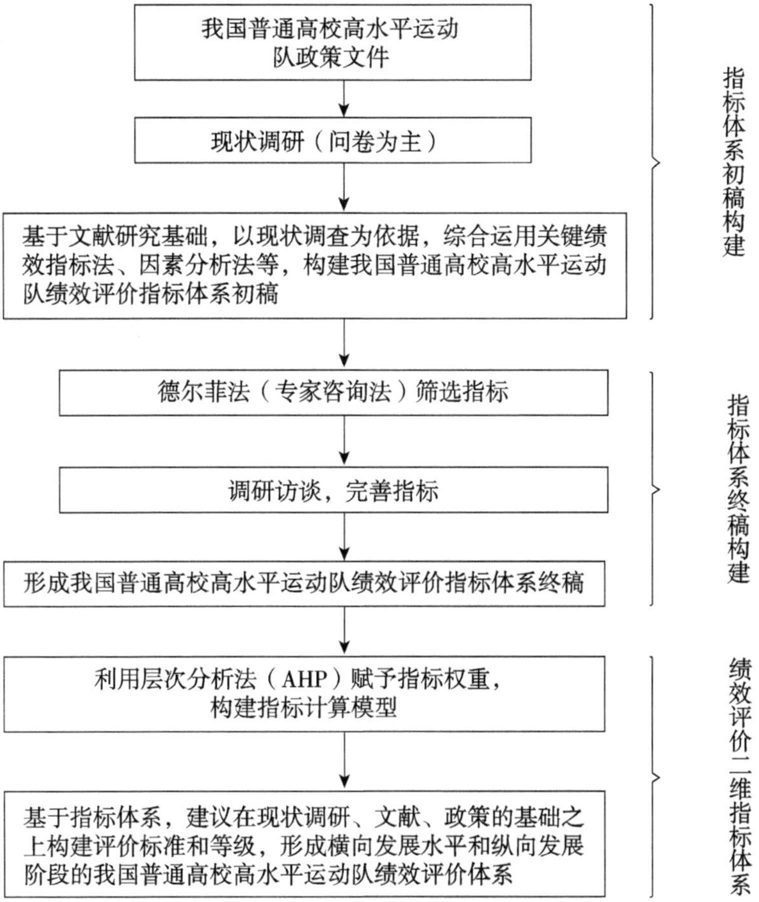

图 25 我国普通高校高水平运动队绩效评价指标体系构建过程

（一）绩效评价指标体系初选阶段

第一步，普通高校高水平运动队政策文件解读与梳理。本研究通过对1987年以来国家颁布的有关普通高校高水平运动队管理和招收高水平运动员的相关规定梳理分析，并严格遵循绩效评价的原理和方法，筛选了该绩效评价指标体系，再利用专家问卷调查法收集统计并确定指标体系初稿。

目前，具有权威性的评价指标体系当数国家2005年和2010年两次评估所用指标。《教育部关于开展普通高等学校高水平运动队建设评估工作的通知》，主要从组织与领导、运动队管理、教练员队伍建设、条件保障和教学与训练效果5个方面，通过17个二级指标进行评价，见表22。《教育部关于开展新一轮普通高等学校申请建设高水平运动队评审确定工作的通知》，在2005年5个方面17个二级指标的基础上增加至6个方面19个二级指标，见表23。从评价程序和步骤来看，两次都是按照“普通高校自评—省市教体部门评价—报送教育部评审”的过程。但两次评价指标的侧重点有所不同，国家2010年的评价指标在2005年的评价指标基础上增加了“学校群体工作状况”一大方面，传递给招收院校的信息是国家创建高校高水平运动队的导向从培养具有较高文化素质的优秀运动人才向学校群众开展体育工作方向有所转变。评价项目主要包括田径、游泳、篮球、排球、足球、跳水、自行车、乒乓球、羽毛球、网球、定向越野、橄榄球、手球、健美操、棒球、垒球、武术、击剑、射击、攀岩、体操、艺术体操、摔跤、柔道、跆拳道、帆船、帆板、赛艇、皮划艇、龙舟，以及棋牌、冰雪运动类等。

表22　教育部2005年对普通高校高水平运动队评价指标

评价因素	评价指标（Ⅰ）	评价指标（Ⅱ）
高水平运动队建设状况	组织与领导（0.14）	校领导重视（0.36）
		组织机构（0.36）
	运动队管理（0.16）	发展规划（0.28）
		招生管理（0.25）
		学籍管理（0.25）
		训练竞赛管理（0.25）
		日常管理（0.25）

续表

评价因素	评价指标（Ⅰ）	评价指标（Ⅱ）
高水平运动队建设状况	教练员队伍建设（0.16）	编制与结构（0.25）
		建设与管理（0.25）
		教练员素质（0.25）
		培训与提高（0.25）
	条件保障（0.19）	训练场馆设施（0.32）
		训练辅助设施与设备（0.26）
		经费投入（0.42）
	教学与训练效果（0.35）	教学效果（0.28）
		训练效果（0.29）
		比赛成绩（0.43）

表23　教育部2010年对普通高校高水平运动队评价指标体系

评价因素	主要观测点及评价内容		分值分配
高水平运动队建设状况	组织与领导（5分）	校领导重视	2
		组织机构	2
		发展规划	1
	运动队管理（10分）	招生管理	2.5
		学籍管理	2.5
		训练竞赛管理	2.5
		日常管理	2.5
	教练员队伍建设（10分）	编制与结构	2.5
		建设与管理	2.5
		教练员素质	2.5
		培训与提高	2.5
	条件保障（15分）	训练场馆设施	4
		训练辅助设施与设备	4
		经费投入	7

续表

评价因素	主要观测点及评价内容		分值分配
高水平运动队建设状况	教学与训练效果（50 分）	教学效果	5
		参赛情况	10
		比赛成绩	35
	学校群体工作状况（10 分）	《国家学生体质健康标准》实施	5
		学生群体性课外体育竞赛	5

通过对比分析发现教育部 2005 年和 2010 年两次评估的评价指标存在较大差异，具体表现为：①2005 年评估综合得分是通过权重系数，对各项指标进行评定，且评价者对其目标值的判定容易出现误解；②2010年评价指标体系中，统计相关院校综合得分是通过简单的指标赋值进行判定，并且对于指标值得分分配缺乏统计学意义；③两次评价指标体系构成指标不同，且 2010 年新增的“学校群体工作状况”内容与国家创办高水平运动队初衷相悖。因而，高校高水平运动队评价指标体系仍不健全，至今没有形成一套系统的、逻辑性合理、能够推进队伍建设的绩效评价指标体系。对于教育部的评价指标体系，周建梅、张志华、卫晓飞等[1]通过对我国普通高校高水平运动队网球项目运动员及队伍评估指标体系的研究发现：自我国普通高校高水平运动队创办以来，教育部对我国普通高校高水平运动队仅进行过两次评估工作，且这两次评估工作都是按照“运动队自我评价、省市教育和体育管理部门评价、国家相关部门的评价”三个评价阶段进行，但两次评估的科学性、合理性尚显欠缺。

对我国相关政策的分析梳理见表 24。

〔1〕 周建梅，张志华，卫晓飞，等．我国普通高校网球项目高水平运动队评估指标体系研究［J］．北京体育大学学报，2013，36（2）：105－109.

表 24 相关政策分析梳理

时间	国家政策文件	关键指标、关键点提取
1987 年	关于部分普通高等学校试行招收高水平运动员工作的通知	对招生对象、招生方法、教学管理等做了初步规定
1995 年	关于部分普通高等院校试办高水平运动队的通知	重申了国家试办高水平运动队的目的是以参加国际重大体育赛事为发展目标，努力培养国家全面发展的体育人才
2000 年	2001—2010 年体育改革与发展纲要	《纲要》对于未来国家体育改革的方向做出了明确的说明，指出未来我国体育尤其是竞技体育事业要走学校体育发展道路，优秀运动员要逐渐向“院校化”过渡
2002 年	中共中央国务院关于进一步加强和改进新时期体育工作的意见	努力抓好运动训练和文化教育，为运动员和教练员继续深造创造条件
2005 年	关于进一步加强普通高等学校高水平运动队建设的意见	办队的目的：培养具有较高科学文化素质的优秀运动人才，目标是参加国际、国内重大体育赛事的任务，为国家奥运争光计划和竞技体育可持续发展作贡献
2010 年	教育部关于开展新一轮普通高等学校申请建设高水平运动队评审确定工作的通知	运动训练管理、参赛情况、比赛成绩、经费投入、保障措施和学校群体工作

第二步，基于普通高校高水平运动队评价相关文献的分析梳理，见表 25。研究从 1987 年国家创办高水平运动队以来，针对高水平运动队建设绩效问题的相关文献分析梳理，提取关键因素和指标，并对指标进行统计收集。

表 25 相关文献分析梳理

时间	作者	相关文献	关键指标、关键点提取	来源
2002	凌平、张柱	关于美国高校招收学生运动员管理制度的研究	运动员报名资格、招收学校行为管理、招收活动时间限制、经费开支	山东体育学院学报
2003	宋振镇	从 CUBA 与 NCAA 的比较谈高校高水平运动队的发展对策	运动员选拔、运动员学习管理、运动员训练比赛管理、教练员资格管理	上海体育学院学报

续表

时间	作者	相关文献	关键指标、关键点提取	来源
2006	张军平	湖北省高校高水平运动队建设现状及对策研究	领导结构、管理体系、办队形式、生源途径、经费来源、师资力量、场馆器材	武汉体育学院学报
2006	郝玉	我国普通高校竞技体育人才培养可持续发展的研究	目标定位、运动员来源、竞赛制度管理、教练员执训能力、后勤保障、经费投入、毕业就业	南京师范大学硕士论文
2007	杜力萍	高校高水平运动队的现状及发展对策研究	管理体制、运动员来源、办队形式、教练来源、经费来源、场地设施	成都体育学院学报
2007	蔡正新	普通高校高水平运动队建设与管理	建设理念、场馆建设、经费投入、招生管理、教练执训能力	上海体育学院学报
2007	张舒扬	高校高水平运动队绩效评价体系构建的研究	运行模式、培养体制、教练员队伍、运动员队伍、运动队附属体系、运动队管理、运动队条件保障、对运动队的认识	山西大学硕士论文
2007	曾吉、黄厚新、蔡仲林	我国普通高校办高水平运动队 20 年回顾与展望	运动员来源、教练员执训能力、经费投入、学训矛盾、竞赛制度	体育学刊
2008	潘登	北京市高校体教结合培养高水平大学生运动员现状及对策研究	运动员基本情况、领导重视程度、教练员选聘、经费支持	首都体育学院硕士学位论文
2008	张浩	高校高水平运动队发展路径选择研究	教练员素质、运动员训练动机、经费现状、训练竞赛管理、办队模式	北京体育大学博士学位论文
2010	王文平	高校高水平运动队发展方略	办队目标、运动员招收、教练员队伍建设、项目布局、科研服务	体育与科学
2010	毛俐亚	高校办高水平运动队的困境与出路	办队目标定位、学训矛盾、竞赛管理、项目设置、教练员聘任、场馆条件	成都体育学院学报

续表

时间	作者	相关文献	关键指标、关键点提取	来源
2010	董永利、袁建国、王建议、林秀冬	高校“教体结合”培养竞技体育人才的研究	教练员基本情况、运动员来源、运动员等级、参加训练原因、学习成绩影响、经费支持、场馆建设、参赛机会、医务监督	成都体育学院学报
2012	马玉芳、江山、刘爱	普通高校高水平运动队可持续发展若干问题的思考	目标定位、项目布局、教练员队伍建设、完善招生、制度建设	北京体育大学学报
2012	于可红、张洁	高校高水平运动队绩效评估指标体系研究	学校声誉、体育文化建设、管理制度、经费开支、教练员和运动员满意度、学习管理、教练员素质	北京体育大学学报
2012	鲍军超	基于平衡记分卡的高校高水平运动队绩效管理	运动员生源、教练员配备、财政支持、健全的管理	体育研究与教育
2013	徐卫华、何青	安徽省高校高水平运动队发展现状的调查研究	办队模式、运动员来源、场馆条件项目布局、招收管理	安庆师范学院学报
2013	周建梅、张志华、卫晓飞、李希春	我国普通高校网球项目高水平运动队评估指标体系研究	办队方向（指导思想，培养目标）；运动队管理（组织与领导、教练员管理、运动员管理、条件保障）；办队绩效（教学成果、训练效果、运动队声誉）	北京体育大学学报
2013	于振峰、刘峰、史衔	绩效评估视角下我国普通高校篮球高水平运动队评估指标体系的构建研究	组织与领导、物质资源、运动队管理、办队绩效、学校群体工作	中国知网网络版
2013	潘迎旭	普通高等学校排球项目高水平运动队建设与评价研究	组织领导、运动队管理、教练员队伍建设、条件保障、办队绩效、校园体育文化建设	运动
2013	廖生波、郑超	基于 WSR 三维视野下的高水平运动队管理模式构建	运动装备、场馆器材、管理人员、规章条例、资金、网络信息、认知评估	体育与科学

第三步，在前文对我国普通高校高水平运动队相关政策、相关文献分析梳理的基础上，结合其指标体系的构建指导思想和原则，运用因素分析法和关键绩效指标法制定出了相关指标，构建了绩效评价指标体系初稿，见图26。

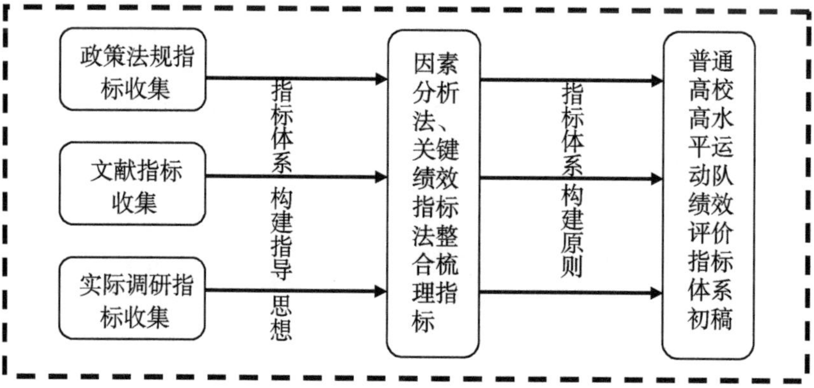

图26　我国普通高校高水平运动队绩效评价指标体系初稿构建

一级指标从我国普通高校高水平运动队的两个基本初衷，即优秀运动员培养和运动员退役就业两方面来考察。二级指标首先包括高水平运动员培养系统中四个核心要素，即运动员、教练员、管理人员和物质条件；其次，根据教育部2005年和2010年评价普通高校高水平运动队的指标体系表，“教学与训练效果”是一项重要指标，因此这里将其作为一项二级指标；再次，就高水平运动队解决退役运动员就业问题来说“继续深造就业”是一项重要的二级指标。综上所述，这里将二级指标确定为“运动员”“教练员”“管理人员”“物质条件”“教学与训练效果”“继续深造就业”6项。

“运动员”“教练员”“管理人员”“物质条件”4个二级指标的三级指标在构建高水平运动员培养模型时已经述及。“教学与训练效果”的三级指标借鉴教育部2005年和2010年两次对高水平运动队评价的指标条目，确定为“教学效果、参赛情况、比赛成绩”3项。对于“继续深造就业”二级指标来说，首先，“攻读专业”会决定深造就业的方向，因为社会对专业人才的需求是就业的指挥棒，“学训矛盾”会影响运动员的学习和训练效果，继而会影响就业情况；其次，“就业意向”和实际的“就业方向”及“就业率”是运动员深造就业的重要指标。因此，“继续深造就业”二级指标的三级指标为“攻读专业、学训矛盾、就业意向、就业方向、就业率”5 项。至此，共确定了运动员训练动机、教练员理论水平等 42 个三级指标。此阶段完成了我国普通高校高水平运动队第一轮评价指标体系 $X_{(1)}$ 的构建，内容详见表 26。

表 26 我国普通高校高水平运动队绩效评价第一轮评价指标体系 $X_{(1)}$ 表

目标层	一级指标层	二级指标层	三级指标层
A_1 我国普通高校高水平运动队建设绩效评价	B_1 优秀运动员培养	C_1 运动员子系统	D_1 来源途径
			D_2 训练动机
			D_3 技术级别
			D_4 知识结构
			D_5 意志品质
			D_6 道德素质
			D_7 培养潜力
		C_2 教练员子系统	D_8 来源渠道
			D_9 执训能力
			D_{10} 理论知识
			D_{11} 技术水平
			D_{12} 专兼职化
			D_{13} 科研能力
			D_{14} 管理能力
			D_{15} 人格魅力
			D_{16} 带队经验
			D_{17} 工作态度
			D_{18} 培训提高

续表

目标层	一级指标层	二级指标层	三级指标层
A_1 我国普通高校高水平运动队建设绩效评价	B_1 优秀运动员培养	C_3 管理子系统	D_{19} 招收管理
			D_{20} 学籍管理
			D_{21} 日常管理
			D_{22} 奖惩管理
			D_{23} 竞赛管理
			D_{24} 校际交流
			D_{25} 教练管理
			D_{26} 管理能力
			D_{27} 合作能力
			D_{28} 规划能力
		C_4 物质条件子系统	D_{29} 场馆建设
			D_{30} 器材条件
			D_{31} 经费补助
			D_{32} 服装装备
			D_{33} 食宿条件
			D_{34} 医疗监督
		C_5 教学与训练效果	D_{35} 教学效果
			D_{36} 训练效果
			D_{37} 比赛成绩
	B_2 退役就业	C_6 继续深造就业	D_{38} 攻读专业
			D_{39} 学训矛盾
			D_{40} 就业方向
			D_{41} 就业率
			D_{42} 就业意向

（二）绩效评价指标体系筛选阶段

第一步，德尔菲法（专家咨询法）筛选指标。研究在前文对国家有关高水平运动队政策文件、科研文献的梳理整合的基础上，分析组合出我国普通高校高水平运动队绩效评价指标体系的初稿。为了使评价指标体系科学合理，本研究对所提取指标制定了调查问卷，并应用了德尔菲法（专家咨询法）对所获取的指标体系进行赋值筛选，然后经过对专家问卷进行数理统计学分析，获得评价指标体系的终稿。我国普通高校高水平运动队绩效指标体系专家问卷见附录 2。

第二步，对指标体系隶属度、相关性、鉴别力和权重等进行实证筛选。建立在专家问卷调查的基础上，通过专家对调查问卷相关指标的赋值，进行指标体系隶属度、相关性、鉴别力和权重等指标属性的验证。普通高校高水平运动队绩效的理论评价体系 $X_{(1)}$ 是建立在对普通高校优秀运动员培养特征和培养模型分析的基础上，参考了近年来我国普通高校高水平运动队研究的成果构建而得。这一过程虽然力求严谨，但难免具有一定的主观意识。因此，为保证通过这种方法获得的绩效评价指标具有真实性、客观性、可靠性和合理性，这里对各项指标尤其是三级指标的隶属度、相关性、鉴别力和权重等进行筛选。

1. 评价指标的隶属度分析

指标隶属度的检验：本研究采用随机抽样的方法，将评价指标初稿制作成专家问卷，选择对竞技体育有较深研究和认识的教授 12 名，15 个省（区、市）30 支代表队的具有建设实践经验的教练员、管理人员共 30 名，通过电子邮件和现场访谈两种方式共发放问卷 42 份，回收 42 份，有效问卷 42 份。虽然专家和教练员在选择和判断普通高校高水平运动队绩效评价指标时存在主观性，但是大样本数据可以削弱主观性。然后，统计处理专家对相关指标的评价意见，综合评判不仅能正确反映高水平运动队绩效的部分指标，还可以在很大程度上改善绩效评价指标的质量，提高绩效评价指标和评价结果的信度。

指标评价样本的原始数据统计处理过程中，首先将高水平运动队绩效评价指标体系整体看作某个函数 X 的模糊集合，而与之相对应的单个评价指标则为该集合的一个元素，然后再对这个集合里面的各个元素进行隶属度的检测分析。假设在该集合里第 i 个评价指标记作 X_i，通过专家问卷统计，选择该指标的专家总人数为 M_i，则说明有 M 个专家认为第 X_i 个指标是评价普通高校高水平运动队绩效问题最理想的指标。那么，该评价指标的隶属度为

$$R_i = M_i/42$$

若 R_i 值很大，说明指标 X_i 在很大程度上属于集合 X，即评价指标对于评价体系具有很重要的价值，保留进行下一轮分析 $X_{(2)}$；反之，则删除该指标。通过对 42 份专家问卷的统计分析，删除隶属度低于 0.3 的 11 个指标，保留其余评价指标进行第二轮评价体系 $X_{(2)}$，见表 27。

表 27　第一轮评价体系 $X_{(1)}$ 中被删除隶属度低于 0.3 的指标统计

目标层	一级指标层	二级指标层	三级指标层
A_1 我国普通高校高水平运动队建设绩效评价	B_1 优秀运动员培养	C_1 运动员子系统	D_3 技术级别 D_4 知识结构
		C_2 教练员子系统	D_{11} 技术水平 D_{12} 专兼职化 D_{15} 人格魅力 D_{16} 带队经验
		C_3 管理子系统	D_{24} 校际交流 D_{25} 教练管理 D_{27} 合作能力
		C_4 物质条件子系统	D_{32} 服装装备 D_{33} 食宿条件
		C_5 教学与训练效果	
	B_2 退役就业	C_6 继续深造就业	

2. 评价指标的独立性检验

隶属度分析后所得评价指标 $X_{(2)}$ 中，指标与指标之间具有很高的相关性。由于这种指标间的高相关性现象，会导致评价对象信息的过度重复，从而会降低评价指标的科学性和合理性。因此，研究以竞技体育领域专家、高水平运动队教练员、运动员和管理人员四个群体对筛选指标的满意度为依据，运用 SPSS 19.0 统计软件对第二轮评价指标进行相关性分析，删除隶属度较低、相关性较高（相关系数 >0.8）的指标以保证指标间的独立性，消除因为指标间的高度相关性给评价结果带来的影

响，保留其余指标构成评价指标体系 $X_{(3)}$，见表 28。

表 28 相关系数大于临界值（0.8）的评价指标统计

保留的评价指标（D_i）	删除的评价指标（D_j）	相关系数
D_2 训练动机	D_5 意志品质	0.91
D_7 培养潜力	D_6 道德素质	0.86
D_{19} 招收管理	D_{20} 学籍管理	0.96
D_{23} 竞赛管理	D_{21} 日常管理	0.93
	D_{26} 管理能力	0.92
D_{28} 建设规划	D_{22} 奖惩管理	0.81
D_9 执训能力	D_{10} 理论知识	0.87
	D_{13} 科研能力	0.80
	D_{14} 管理能力	0.92
	D_{17} 工作态度	0.83
D_{40} 就业方向	D_{42} 就业意向	0.85
D_{29} 场馆建设	D_{30} 器材条件	0.92

（三）绩效评价指标体系形成阶段

通过对评价指标的隶属度和独立性检验分析，最终得到了我国普通高校高水平运动队绩效评价的指标体系，主要由 2 个一级指标、7 个二级指标和 19 个三级指标构成。由于评价对象的特殊性，在实践中对有些指标难以量化处理，如高水平运动员的“学训矛盾”指标、教练员的“工作态度”等指标。因此，本研究只给出评价指标体系，并不能确定指标的权重。表 29 为最终确定的绩效评价指标体系，该评价指标体系是开展后续绩效评价的依据。

表 29　最终的绩效评价指标体系

目标层	一级指标层	二级指标层	三级指标层	评价指标内涵的简要说明
A_1 我国普通高校高水平运动队建设绩效评价	B_1 优秀运动员培养	C_1 运动员子系统	D_1 来源途径 D_2 训练动机 D_7 培养潜力	入队前的所在单位情况 参加高水平运动队训练的目的 运动成绩提高的可能性
		C_2 教练员子系统	D_8 来源渠道 D_9 执训能力 D_{18} 培训提高	教练员的选拔途径 能否满足高水平运动队训练需要 参加教练员业务培训的机会
		C_3 管理子系统	D_{19} 招收管理 D_{23} 竞赛管理 D_{28} 建设规划	运动员入队选拔的过程管理 竞赛机会与竞赛制度的制定 建队的期望与中长期目标
		C_4 物质条件子系统	D_{29} 场馆建设 D_{31} 经费补助 D_{34} 医疗监督	用于运动队训练的基础条件 用于维持运动队建设的经费 对运动队训练进行医学评价
		C_5 教学与训练效果	D_{35} 教学效果 D_{36} 训练效果 D_{37} 比赛成绩	运动员学习专业的教学情况 运动技术训练的收益情况 参加省级以上比赛的获奖情况
	B_2 退役就业	C_6 继续深造	D_{38} 攻读专业 D_{42} 学训矛盾	运动员入校就读的专业 就读专业与训练之间的冲突
		C_7 退役就业	D_{40} 就业方向 D_{41} 就业率	运动员毕业后选择职业性质 就业人数与招收总人数比值

五、绩效评价指标体系的功能

构建我国普通高校高水平运动队绩效评价指标体系，其目的是对高水平运动队的两个创建初衷的实现效果进行评价，是将涉及高水平运动队建设实践的复杂问题简单化，用简单的评价指标获取尽可能多的评价信息，为探讨分析高水平运动队建设绩效现状提供可靠的判断依据。因此，科学有效的绩效评价指标体系应具有分析、预测和调节等基本功能。

（一）分析功能

影响普通高校高水平运动队绩效的因素是复杂的，是若干个相互独立的具有相关影响的因素综合作用的结果。通过对指标现状的数据收集，并结合专家的评判意见，运用数理统计方法获得绩效综合得分，然后对绩效结果做出科学、合理的综合判断，探索出制约高水平运动队发展的重要影响因素，为改进和提高办队绩效总结经验、发现问题，并制定切实可行的改进策略。

（二）预测功能

在研究中，在问卷调查获得现状数据的基础上，对数据进行时间序列整理。然后，运用数理统计方法计算获得某一普通高校高水平运动队的办队绩效演进过程，不仅可以帮助我们了解高水平运动队绩效现状，而且还能预测未来一定时期内我国普通高校高水平运动队办队绩效问题，实现绩效研究的预测功能，从而为我国普通高校高水平运动队建设决策部门提供理论基础的支持。

（三）调节功能

普通高校高水平运动队建设绩效是一个复杂的多因素构成的系统工程，受到运动员、教练员、管理人员和物质条件等众多因素的综合影响。因此，该系统在实际运行中难免会出现现状与目标发生偏离的情况，所以通过影响该系统的绩效指标体系，观察指标的变化趋势来探索发生偏差的原因，分析存在绩效问题的根源。然后，通过具体绩效干预方案，及时调控高水平运动队的绩效。

六、本章小结

普通高校高水平运动队创办的两个初衷中，优秀运动员的培养既是一个过程，也是一个多因素、多层次相互作用的系统，了解该系统的组成及其要素间的关系是开展绩效评价的前提。基于系统的定义，参照优秀运动员培养系统的相关研究，本研究构建了一个高水平运动队优秀运动员培养的系统模型，并就其构成要素、要素的属性及要素间的关系做了详细阐述。

明确高水平运动队绩效评价的定义是构建绩效评价模型的基础，本章在借鉴其他领域绩效评价研究的基础上，参照“高校竞技体育绩效评价”的定义，界定了“高水平运动队绩效评价”的定义和内涵。

开展高水平运动队绩效研究，构建一套科学、合理的绩效评价体系是关键。首先，根据对高水平运动队优秀运动员培养模型的分析，得出绩效评价指标体系的雏形；其次，为了确保研究的客观性、科学性和研究可信度，对该指标体系中的各项指标进行实证筛选，最终得到一套较为合理的绩效评价指标体系。由于优秀运动员培养过程的复杂性、多因素性以及培养绩效的难测量性、长期性和隐性等特点，绩效指标很难给出权重。该绩效评价指标体系为后期开展高水平运动队绩效评价提供了依据。

第四章　我国普通高校高水平运动队绩效评价实证分析

本章有关我国普通高校高水平运动队办队绩效实证研究，是建立在前面章节高水平运动员培养系统模型的基础上，以所构建的绩效评价指标体系的一系列指标为依据，主要对当前我国普通高校高水平运动队优秀运动员培养、解决退役运动员就业两个方面的绩效进行综合实证评价。有关高水平运动队现状数据收集，本研究依据指标体系所列指标设计问卷，并随机抽取 30 支运动队进行评价（问卷参见附录 2 至附录 6，受访的 30 支运动队参见表 1 调查对象基本情况）。对所调查的每个运动队，选取运动员、教练员和管理人员各一名并要求他们填写问卷，即对各个指标进行赋值。这样便有 90 个受访者对 19 个指标的赋值，将数据汇总在表格中，把每个受访者对 19 个指标的赋值作为一行，且同一个运动队的 3 个受访者的数据依次排列，这样就得到一个 90 行 19 列的数表。这个数表作为筛选出的 19 个变量（因素）的采样值，部分地反映了我国普通高校高水平运动队建设的现状。

我国普通高校高水平运动队绩效评价实证分析，将完全以调查所得数据为基础，利用相关系数法、回归分析法、主成分分析法等统计分析方法，将对我国普通高校高水平运动队绩效现状调查数据进行统计量化分析。具体而言，主要进行以下几方面的分析。①利用相关系数法对不同指标间的相关性进行分析。②利用回归分析法对各指标对比赛成绩和退役就业率的贡献进行分析。③基于主成分分析法构建高水平运动队绩效综合评价指标，利用该指标对所调查的 30 支运动队的绩效进行评价和比较。

为研究方便起见，约定如下记号：用矩阵 $X=(x_{i,j})$，$i=1, 2, \cdots, 90$；$j=1, 2, \cdots, 19$ 表示调查所得的数据。其中 X 的行对应受访的运动员、教练员或者管理人员，列对应不同的量化指标，$x_{i,j}$表示 i 个

受访者对第 j 个指标的量化评分。另外，以 r_i 表示矩阵 X 的第 i 行，即有 $r_i=(x_{i,1}, x_{i,2}, \cdots, x_{i,19})$。以 c_j 表示第 j 列，即有 $c_j=(x_{1,j}, x_{2,j}, \cdots, x_{90,j})^{\mathrm{T}}$，其中 T 表示矩阵或向量的转置。根据数据汇总的方式，矩阵 X 中相邻的三行 r_{3k+1}，r_{3k+2}，r_{3k+3}（$k=0, 1, \cdots, 29$）表示同一个高水平运动队中三个受访者的评分。

一、影响我国普通高校高水平运动队绩效指标的相关性分析

本节利用相关系数法来分析各指标间的相关性。统计分析中定义了多种相关系数，如 Spearman's 相关系数、Kendall 相关系数、线性相关系数等。不同的相关系数有不同的意义，如 Spearman's 相关系数表示序（Rank）的相关性，而线性相关系数与两向量在欧式空间内的夹角有关。这里采用最常用线性相关系数。设 $a=(a_1, a_2, \cdots, a_n)$，$b=(b_1, b_2, \cdots, b_n)$ 且有 $a, b\in R^n$，则 a，b 间的相关系数按如下方式计算

$$C(a, b)=\frac{\sum_{i=1}^{n}(a_i-\bar{a})\cdot(b_i-\bar{b})}{\sqrt{\sum_{i=1}^{n}(a_i-\bar{a})}\cdot\sqrt{\sum_{i=1}^{n}(b_i-\bar{b})}} \quad (4-1)$$

上式中，$\bar{a}=\frac{1}{\sum^{n} a_i}$，$\bar{b}=\frac{1}{\sum^{n} b_i}$。根据公式（4－1）计算矩阵的各列间的相关系数，即影响我国普通高校高水平运动队绩效评价指标间的相关系数，所得的相关系数矩阵记作 $C=(C_{i,j})_{19\times 19}$。由定义可知，向量与自身的相关系数为 1，同时相关系数具有可交换性，从而为对称矩阵，且对角线的元素为 1。表 30 列出了矩阵各列间的相关系数。

表 30 影响我国普通高校高水平运动队绩效指标的相关性分析

	C_1	C_2	C_3	C_4	C_5	C_6	C_7	C_8	C_9	C_{10}	C_{11}	C_{12}	C_{13}	C_{14}	C_{15}	C_{16}	C_{17}	C_{18}	C_{19}
C_1	1																		
C_2	0.79	1																	
C_3	0.62	0.77	1																
C_4	0.61	0.38	0.25	1															
C_5	0.73	0.43	0.29	0.62	1														
C_6	0.76	0.7	0.46	0.67	0.69	1													
C_7	0.04	0	0.19	−0.11	0.05	−0.09	1												
C_8	0.78	0.79	0.62	0.53	0.7	0.69	0.2	1											
C_9	0.71	0.53	0.28	0.44	0.64	0.63	0.07	0.66	1										
C_{10}	0.31	0.2	−0.02	0.78	0.59	0.6	−0.23	0.47	0.39	1									
C_{11}	0.68	0.56	0.4	0.45	0.78	0.69	0.21	0.79	0.71	0.49	1								
C_{12}	0.72	0.66	0.63	0.57	0.69	0.75	0.16	0.82	0.67	0.52	0.89	1							
C_{13}	0.79	0.86	0.84	0.58	0.55	0.7	0.08	0.84	0.47	0.37	0.64	0.78	1						
C_{14}	0.71	0.63	0.5	0.62	0.74	0.61	0.17	0.83	0.58	0.52	0.7	0.63	0.76	1					
C_{15}	0.9	0.75	0.6	0.5	0.67	0.7	0.04	0.84	0.75	0.34	0.75	0.73	0.8	0.73	1				
C_{16}	0.47	0.59	0.46	0.09	0.27	0.37	0	0.55	0.59	0.05	0.28	0.43	0.5	0.35	0.45	1			
C_{17}	0.63	0.58	0.47	0.65	0.6	0.74	0.21	0.7	0.45	0.66	0.71	0.73	0.7	0.66	0.65	0.07	1		
C_{18}	0.66	0.55	0.33	0.28	0.5	0.56	−0.21	0.59	0.65	0.26	0.54	0.61	0.53	0.46	0.64	0.62	0.37	1	
C_{19}	0.75	0.7	0.54	0.22	0.62	0.56	0.08	0.75	0.62	0.14	0.64	0.61	0.64	0.61	0.73	0.65	0.37	0.64	1

通过对影响我国普通高校高水平运动队绩效指标的相关性分析可知：比赛成绩和来源途径、医疗监督和经费补助、教学效果和训练动机、教学效果和竞赛管理、比赛成绩和竞赛管理、教学效果和培养潜力、训练效果和竞赛管理、医疗监督和竞赛管理、比赛成绩和教学效果、教学效果和来源途径等指标具有较高的相关性。由于高水平运动队内部要素之间关系的复杂性，存在相互影响、相互制约等问题。为此，本研究将对有关运动员的比赛成绩、管理方面的竞赛管理、训练效果和物质条件等主要因素的高相关指标进行细致分析。

分析：①高水平运动员的比赛成绩在很大程度上依赖于运动员的来源途径、竞赛管理和训练效果 3 个主要因素。基于前文对普通高校高水平运动员来源现状的调查可知，占招收人数 62. 50% 的运动员来自普通高中毕业生且运动级别基本处于国家二级运动员水平，由于他们的年龄相对较大和运动级别较低的现状造成他们的培养潜力低下问题。②竞赛管理是制约普通高校高水平运动队发展的又一重要因素。目前，国家对于大学生体育赛事的计划仅是每四年一届的全国大学生运动会。鉴于此，很大一部分高水平运动员没有参加比赛的机会，出现了“闭门造车，校内练兵”的局面，致使运动员和教练员在训练实践中失去目标、没有训练激情，最终导致运动员经过四年大学校园的训练，运动成绩出现“不进反退”的奇怪现象。③训练效果的收益高低直接影响着运动成绩的提高与否。统计发现，影响高水平运动队训练效果的主要因素是运动员的训练动机、竞赛管理、来源途径。基于前文对普通高校高水平运动员训练动机现状的调查可知，占总调查人数 63% 的高水平运动员的训练动机是“实现大学梦想”而并非“提高运动成绩”，研究认为出现这种现象主要是由“运动员的来源途径”问题所致。高水平运动队的竞赛管理工作也是影响高水平运动队训练效果的重要因素。④场馆器材等基础条件建设对高水平运动员比赛成绩和训练效果的影响较小，而运动队的医疗监督对运动队的建设绩效有较大的影响。因此，研究认为具备招收高水平运动队资格的普通高校应各自具有良好的物质条件，并且对医疗监督工作需要更加重视。

二、影响我国普通高校高水平运动队绩效的因素分析

为了解决我国竞技体育参赛选手文化水平较低的问题，国家创办普通高校高水平运动队，实施竞技体育“院校化”模式。由此，高校高水平运动队承担着国家竞技体育比赛的重任，而高水平运动队的比赛成绩则是衡量其建队绩效的关键。另外，运动员的退役就业和后续发展情况是运动员及其家长非常关心的问题，这影响到运动员参与高水平运动队的积极性，对运动队选材有重要影响。所以各运动队都将比赛成绩和运动员的退役就业作为建队的核心目标，为此分析清楚各因素对比赛成绩和退役就业的影响如何，能为高水平运动队的建设提供指导意见。上一节虽然考虑了比赛成绩和退役就业同其他各指标（因素）之间的相关性，但所采用的相关系数法只能独立地考虑指标之间的相关性，而不能协同地考虑各指标对比赛成绩和退役就业的贡献情况。鉴于此，本节将采用多元回归分析方法，综合考虑各指标对比赛成绩和退役就业的影响或者贡献情况。将比赛成绩所在的列 c_{15} 表示成 c_j，$j=1$，2，…，14 的线性组合

$$c_{15}=\sum_{j=1}^{14}\alpha_j\cdot c_j \tag{4-2}$$

（一）各指标对比赛成绩的贡献率

根据组合系数 α_j 的大小来分析各个指标对比赛成绩的影响或者贡献。方程（4-2）为包含 90 个方程、19 个未知量的线性方程组，这种方程组被称为超定方程组（Over determined system）。一般情况下，这种方程组无解（即不能用求解线性方程组的方法求得组合系数）。在数据分析和统计学习中，通常利用如下最小化平方误差的方法来确定组合系数

$$(\tilde{\alpha}_1,\ \tilde{\alpha}_2,\ \cdots,\ \tilde{\alpha}_{14})=\underset{\alpha_1,\alpha_2,\cdots,\alpha_{14}}{\operatorname{argmin}}\ c_{15}-\sum_{j=1}^{14}\alpha_j\cdot c_{j2}^{2} \tag{4-3}$$

记 $A_1=[c_1,\ c_2,\ \cdots,\ c_{14}]$，$\alpha=[\alpha_1,\ \alpha_2,\ \cdots,\ \alpha_{14}]^{\mathrm{T}}$，则式(4-3)可表示为矩阵形式

$$\tilde{\alpha} = \underset{\alpha}{\operatorname{argmin}} c_{15} - A_1\alpha_2^2 \tag{4-4}$$

方程（4-4）中目标函数 $f(\alpha) = c_{15} - A_1\alpha_2^2$，满足凸性和可微分性，因此通过 $\frac{df}{d\alpha} = 0$ 可求得其解析解，即

$$\begin{aligned} &\frac{df}{d\alpha} = -2A_1^T(c_{15} - A_1\alpha) = 0 \\ &\Leftrightarrow -A_1^Tc_{15} + A_1^TA_1\alpha = 0 \\ &\Leftrightarrow A_1^TA_1\alpha = A_1^Tc_{15} \\ &\Leftrightarrow \alpha = (A_1^TA_1)^{-1} \cdot A_1^Tc_{15} \end{aligned} \tag{4-5}$$

由式（4-5）可见，求解式（4-4）需要计算 $(A_1^TA_1)^{-1}$。当 A_1 的条件数较大时，式（4-5）的数值稳定性较差，即 c_{15} 的很小变动能引起组合系数 α 的较大变动。

为了保证数值稳定性，这里采用脊回归（Ridge regression）方法来确定组合系数，即求解如下问题

$$\tilde{\alpha} = \underset{\alpha}{\operatorname{argmin}} c_{15} - A_1\alpha_2^2 + \lambda_1\alpha_2^2 \tag{4-6}$$

上式中，第一项为组合逼近的误差项，第二项为正则项，λ_1 为正则参数。类似地，假定问题（4-6）中目标函数 $f(\alpha) = c_{15} - A_1\alpha_2^2 + \lambda_1\alpha_2^2$，关于 α 的导数为零便可求得解析解，即有

$$\begin{aligned} &\frac{df}{d\alpha} = -2A_1^T(c_{15} - A_1\alpha) + 2\lambda\alpha = 0 \\ &\Leftrightarrow -A_1^Tc_{15} + A_1^TA_1\alpha + \lambda\alpha = 0 \\ &\Leftrightarrow (A_1^TA_1 + \lambda I)\alpha = A_1^Tc_{15} \\ &\Leftrightarrow \alpha = (A_1^TA_1 + \lambda I)^{-1} \cdot A_1^Tc_{15} \end{aligned}$$

取正则参数为 $\lambda = 150$，在 Matlab 平台下，利用式（4-6）求得组合系数。表 31 列出了各因素的组合系数及其对比赛成绩的贡献排名。

表 31　各因素对比赛成绩的贡献及其排名情况

所考虑的因素	D_1 来源途径	D_{28} 建设规划	D_{35} 教学效果	D_{23} 竞赛管理	D_2 训练动机	D_{31} 经费补助	D_{36} 训练效果
系数 α	0.126 1	0.121	0.096 7	0.088 7	0.083 4	0.073 4	0.068 7
排名	1	2	3	4	5	6	7

续表

所考虑的因素	D_7 培养潜力	D_9 执训能力	D_{18} 培训提高	D_{34} 医疗监督	D_{19} 招收管理	D_8 来源渠道	D_{29} 场馆建设
系数 α	0.058 5	0.053 6	0.048 6	0.042 2	0.023 9	0.020 5	0.001 8
排名	8	9	10	11	12	13	14

研究发现，对于高校高水平运动队比赛成绩各相关因素指标的贡献率由大到小依次为：来源途径＞建设规划＞教学效果＞竞赛管理＞训练动机＞经费补助＞训练效果＞培养潜力＞执训能力＞培训提高＞医疗监督＞招收管理＞来源渠道＞场馆建设。

分析：依上文对我国普通高校高水平运动队优秀运动员培养为因变量统计发现，决定高水平运动队优秀运动员竞技能力提高的主要因素是运动员的来源途径，招收院校对于其高水平运动队建设规划、教学效果、竞赛管理制度的合理性，运动员进入高校的训练动机和经费支持程度。首先，由于普通高校高水平运动员大多来自普通高中具有体育特长的毕业生，相对优秀运动员成才年龄来说这部分学生年龄较大、运动技能水平较低，造成其本人对入队后的训练信心不足、训练动机不端正，严重地影响了我国竞技体育“院校化”模式的实施。其次，入队高水平运动员参赛机会太少，竞赛组织未能满足运动训练的需求，从而失去了对运动队训练效果的检测和评价，使运动员和教练员日常训练没有目标和激情。再次，普通高校高水平运动队建设是国家一项重要的教育制度。然而，招收院校在高水平运动员培养实践中出现了不重视现象，很多高校支持经费与国家要求的标准相差甚远，致使高水平运动队没有必要的物质条件保障。

（二）各指标对运动员退役就业的贡献率

运动员退役就业问题，是制约我国竞技体育优秀运动员培养的瓶颈性问题，更是国家创办普通高校高水平运动队的两个初衷之一。为此，优秀运动员退役后生存现状及退役就业问题，关系着我国竞技体育事业发展的未来。我国对优秀运动员退役就业工作，颁布了很多相关的政策文件，保障退役运动员的就业。但是，仍有退役运动员的就业问题未能得到良好解决，给我国竞技体育带来了一定的负面影响。

例如，《中华传奇人物》（聚焦人物 2010）报道的“樊迪，上海唯一的体操世界冠军却回不了家”的现象引起了大家的议论。又如，前全国女子举重冠军邹春兰当搓澡工事件[1]；“前全国长跑冠军艾冬梅，在农贸市场摆地摊”的报道；“孟兆华，击剑运动员当起推销员、饭店服务员”的报道；1988 年汉城残奥会 100 米蝶泳、100 米自由泳项目两枚金牌得主刘泽兵，而今每月只有 166 元低保金；素有“亚洲大力士”之称的才力连续获得 40 多个全国冠军和 20 多个亚洲冠军，却当起了门卫，去世时还留有 800 元账单；刘菲，1998 年获得世界技巧锦标赛女子三人项目冠军、7 项全国冠军等优异的成绩，但面对记者的采访却道出：“我现在真是后悔走上体育这条路”；17 岁获得世界跳水锦标赛女子 10 米台跳水双人冠军的桑雪，为了照顾年迈多病的母亲退役后去咖啡馆当服务员，还兼职一份抄写的工作解决实际生活问题……诸如这些现实问题的出现着实让体育人感到非常尴尬。针对此问题，国家对 1984 年至 2006 年，有参加奥运会比赛经历且曾取得过奖牌的退役运动员就业现状调查统计，结果发现：①依从事工作的性质来看，退役运动员们选择职业种类分布广泛，他们就业涉及的工作有体育类、经商类、影视类、传媒类等多领域；②依选择相关种类职业的人数分布来看，从事与体育相关的工作人数占总调查人数的 54.84%；从事影视、传媒等娱乐性质工作的占 11.83%；选择经商等企业类职业的占 17.20%；其余部分运动员则选择国内外高校继续深造、学习；仍有部分退役运动员选择移居国外生活。

对于我国竞技体育优秀运动员培养系统来说，选材是系统的输入部分，而优秀运动员退役则是系统的输出部分，这两个部分相互促进、互为制约关系。如果对输出部分存在问题不能够很好地解决，那么将会影响到输入部分的顺利进行，为此我国优秀运动员整个系统将会受到很大程度的影响。基于此，我们对 2008 年北京奥运会后，部分退役奥运冠军进入高校就读专业现状进行统计（表 32），从另外一个视角分析我国优秀运动员退役后的出路问题。

---

[1] 举重冠军沦为搓澡工［EB/OL］．［2013－09－10］．http：//news. enorth. com. cn/system/2006/03/27/001264872. shtml.

表 32　2008 年北京奥运会后我国部分奥运冠军进入高校统计

序号	姓名	项目	就读学校	攻读专业
1	杨威	体操	华中科技大学	公共管理学院硕士研究生
2	陈艳青	举重	苏州大学	心理学硕士
3	郭晶晶	跳水	中国人民大学	工商管理
4	吴敏霞	跳水	中国人民大学	工商管理
5	王峰	跳水	中国人民大学	工商管理
6	何雯娜	蹦床	天津科技大学	经济与管理学院
7	陆春龙	蹦床	天津科技大学	经济与管理学院
8	佟文	柔道	中国民航大学	安全工程技术
9	刘子歌	游泳	天津外国语学院	英语专业
10	吴静钰	跆拳道	天津理工大学	经济管理专业

综合上述研究，我们可以得出以下几个结论。①随着市场经济时代的到来，社会对于人才的需求呈现多元化，致使出现了从事体育运动的专业运动员跨入更多种类的工作领域，用人单位的用人制度显得更加灵活。②退役运动员选择专业的宽泛性，容易出现国家竞技体育资源浪费现象。众所周知，在奥运会比赛中能够获得奖牌的运动员，国家投资给他们的物力、人力和财力，甚至精力都相当丰厚，也就是说，在他们身上国家倾注了大量的竞技体育资源。然而，这部分运动员退役后却放弃了从事培养竞技体育后备人才的工作，从事与体育类工作相差较远的领域，致使国家只利用了他们退役前获得奖牌时的资源，而浪费了退役后传输精湛技艺的人力资源。③存在种种原因，部分退役运动员面临失业，给国家竞技体育事业发展带来了不良影响。分析出现这种现象的原因，笔者认为有多方面因素，首先，从国家体育部门引导入手，对退役运动员要进行职业生涯规划教育，让他们建立正确的价值观念、准确定位自己；其次，鼓励全社会积极吸引为国家争得荣誉的优秀运动员充分就业，尤其是普通高校高水平运动队教练员岗位，体育运动相关院校应发挥积极作用，为优秀运动员退役就业提供一定的保障。

有关我国普通高校高水平运动队创办的第二个初衷，即退役运动员就业绩效问题的研究。本部分的内容类似于本章第二节，这里用多元回归方法综合考虑各因素对退役就业的贡献，将退役就业率所在的列表示成其余各列的线性组合，根据组合系数的大小来判定各因素对退役就业

率的贡献，考虑到数值稳定性，类似于式（4－6）求解如下问题

$$\tilde{\beta} = \underset{\beta}{\operatorname{argmin}} c_{19} - A_2\beta_2^2 + \lambda_2\beta_2^2 \tag{4-7}$$

其中 $A_2 = [c_1, c_2, \cdots, c_{18}]$，$\beta = [\beta_1, \beta_2, \cdots, \beta_{18}]^T$，$\lambda_2$ 为正则参数。在 Matlab 平台下进行数值实验，取 $\lambda_2 = 250$ 得到组合系数 β。表 33 列出了各因素的组合系数 $\beta_j, j = 1, 2, \cdots, 18$ 及其对运动员退役就业率的贡献排名。

表 33　各因素对运动员退役就业率的贡献及其排名

所考虑的因素	D_{38} 攻读专业	D_{19} 招收管理	D_{40} 就业方向	D_7 培养潜力	D_9 执训能力	D_{28} 建设规划	D_2 训练动机	D_1 来源途径	D_{36} 训练效果
系数 β	0.187 9	0.147 8	0.126 1	0.103	0.099 1	0.096 9	0.096 6	0.082 4	0.081 8
排名	1	2	3	4	5	6	7	8	9
所考虑的因素	D_{37} 比赛成绩	D_{23} 竞赛管理	D_{35} 教学效果	D_{31} 经费补助	D_{18} 培训提高	D_{34} 医疗监督	D_{42} 学训矛盾	D_{29} 场馆建设	D_8 来源渠道
系数 β	0.078 8	0.072 5	0.069 6	0.063 4	0.044 6	0.023 4	0.010 6	0.006 3	0.006
排名	10	11	12	13	14	15	16	17	18

通过对影响我国普通高校高水平运动员就业问题的制约因素分析，高水平运动员攻读的专业、招收院校的训练管理、运动员退役后的就业方向、培养潜力及前途、教练员的执训能力等因素是影响退役就业问题的关键指标。

综合上述研究分析，基于当今人们价值取向多元化的趋势，致使人们对资源的使用结果终将有两种形式出现，即合理利用或资源浪费。由于资源共有属性和面临选择差异性，竞技体育资源也存在着追求其利用率最大化目标。我国竞技体育人才培养模式由举国体制逐渐向“院校化”的转变，表明从国家层面来说，我国竞技体育后备人才培养价值取向正在经历着从“奥运争光”到关注“全面育人”价值取向的变化过程。那么，在竞技体育界如何正确坚持国家政策导向和竞技人才的价值取向，将是影响我国竞技体育资源利用率的重要因素。为此，应基于竞技体育领域竞技人才择业价值取向视域，探索提高我国竞技体育资源利用率途径，使我国竞技体育走上健康、可持续发展道路。

三、我国普通高校高水平运动队办队绩效的综合评价

设计高水平运动队建设绩效的综合评价指标具有重要的意义。首先，作为国家层面的管理者，其目标是利用有限的基金和资源实现绩效最大化（这里的绩效包括培养的优秀运动员的数量、比赛成绩、运动员的退役就业情况，高水平运动队对一个学校或地区体育事业的激励作用，即运动队的社会效益等），实现这一目标的最简单的方案是经费和资源尽可能向绩效好的运动队倾斜。但影响运动队绩效的指标众多，不能用单一指标来衡量一个运动队的建设绩效，这需要用合理的方式将所有指标综合为一个评价指标。其次，通过设计合理的评价指标，便于国家制定相应的奖罚措施、淘汰退出和进入机制，对各个高水平运动队产生相应的约束和激励。最后，合理的绩效评价为各个运动队之间的相互交流、学习提供参考，比如绩效差的运动队可以对照绩效好的运动队查询自身的问题并进行改进。

本节将以调查所得数据 $X=(x_{i,j})_{90\times19}$ 为基础来设计我国普通高校高水平运动队建设绩效的综合评价指标。根据前面的记号，第 i 个受访者对 19 个指标的量化赋值为

$$r_i = [x_{i,1}, x_{i,2}, \cdots, x_{i,19}], i = 1,2,\cdots,90$$

显然 r_i 为矩阵 X 的第 i 行。下面考虑如何将第 i 个受访者对各指标的评分 r_i 转化为一个综合评价分值 S_i 。简单起见，坚定 S_i 为 r_i 的线性函数，即有

$$S_i = [w_1, w_2, \cdots, w_{19}] \cdot \begin{bmatrix} x_{i,1} \\ x_{i,2} \\ \cdots \\ x_{i,19} \end{bmatrix} + w_0 \qquad (4-8)$$

其中 $w_0, w_1, w_2, \cdots, w_{19}$ 均是待定的参数。如何来确定这些参数呢？我们有如下几个原则：（a）综合指标能够最大化各高水平运动队之间的差异，即综合指标确实能够反映出各运动队建设绩效的差异。（b）假定受访者对 19 个指标的量化赋值都是 0，那么综合评价分值应该为 0；反之，如果受访者对 19 个指标的量化赋值为满分 5 分，那么综

合评价分值应该为满分5分。(c) 由相关讨论可知，各指标具有一定的相关性，而综合评价指标的设计应该在去除这种相关性的基础上进行。

基于以上原则，首先将式（4-8）重新写为

$$S_i = \gamma_0 P_{K\times 19} \cdot \begin{bmatrix} x_{i,1} \\ x_{i,2} \\ \cdots \\ x_{i,19} \end{bmatrix} + \gamma_1 \tag{4-9}$$

其中 $P_{K\times 19}$ 为 K 行 19 列的投影矩阵，这里 $\gamma_0,\gamma_1,P_{K\times 19},K$ 都是待定的参数，这些参数将在后续的讨论中逐步确定。修正或者确定式（4-9）的过程可以分为两步。第一步：r_i^{T} 作变换 $P\cdot r_i^{\mathrm{T}}$，矩阵 P 的设计需要考虑原则（a）（c），即 P 这样的变换，去除相关性的同时能够最大化各 $r_i,i=1,2,\cdots,90$ 之间的差异。第二步：根据原则（c）来确定参数 γ_0,γ_1。下面详细叙述第一步和第二步。

（一）投影矩阵 P 的构造

在统计分析中，主成分分析法（principle component analysis，PCA）是众所周知的既能去除相关性又能最大化差异的工具，这里考虑利用 PCA 来设计投影矩阵 P。一般地，对数据 $V=(v_{i,j})_{n\times p}$ 作 PCA 其实是寻求高维空间 R^p 中新的直角坐标系，使得 V 中的各行在新的坐标系中表示以后，它们之间的差异能够最大化。同时，由于新的坐标系是直角坐标系，因此各个坐标轴上的分量是不相关的，即将数据表示在新的坐标轴上能够起到去除相关性的作用。这里数据 V 的行对应考虑的因素，而列对应样本，即 V 表示针对 p 个因素的 n 个采样值。如果将新的坐标系中各坐标轴方向的单位向量写成矩阵 M 的行向量（M 为 $p\times p$ 的正交矩阵），那么对 V 的坐标变换，即 PCA 变换可由 MV^{T} 完成。

下面详细叙述如何利用 X 的 PCA 来设计投影矩阵 P。PCA 的计算有多种方式，其中基于奇异值分解和基于协方差矩阵的方法比较流行，这两种方案有一些成熟的、已经公开的软件可用。这里采用基于协方差矩阵的方法。采用的具体步骤如下。

(1) 计算经验均值，即对每个因素的采样值做平均，记作

$$\overline{X_j} = \frac{1}{90}\sum_{i=1}^{90} x_{i,j}, j = 1,2,\cdots,19 \tag{4-10}$$

（2）利用均值进行中心化处理，即对每个采用向量减去均值，记作

$$B = X - I \cdot [\overline{X_1}, \overline{X_2}, \cdots, \overline{X_{19}}]$$

其中 $I = [1,1,\cdots,1]^{\mathrm{T}}$ 为 90 × 1 的每个元素都为 1 的列向量。

（3）计算经验协方差矩阵

$$C = \frac{1}{90-1} B^{\mathrm{T}} \cdot B$$

则 C 为 19 × 19 的矩阵，计算 C 的特征值和特征向量，并将特征值按由大到小的顺序排列，记作 $\lambda_1, \lambda_2, \cdots, \lambda_{19}$，相应的特征向量记作 P_1^{T}，$P_2^{\mathrm{T}}, \cdots, P_{19}^{\mathrm{T}}$。这里的特征向量被称作主成分。

（4）计算特征值的累积贡献率

$$g_i = \frac{\sum_{k=1}^{i} \lambda_k}{\sum_{k=1}^{19} \lambda_k}, i = 1,2,\cdots,19$$

表 34 列出了特征值及其累积贡献率，从表中可见，前 5 个主成分的累积贡献率超过了 85%，因此选用前 5 个特征值对应的特征向量作为投影矩阵 P，即有

$$P = \begin{bmatrix} P_1^{\mathrm{T}} \\ P_2^{\mathrm{T}} \\ P_3^{\mathrm{T}} \\ P_4^{\mathrm{T}} \\ P_5^{\mathrm{T}} \end{bmatrix}$$

表 34 特征值及其累积贡献率

成分	1	2	3	4	5	6	7	8	9	10
λ_i	11.46	1.71	1.3	0.64	0.56	0.49	0.4	0.29	0.28	0.17
g_i/%	64.3	73.8	81.1	84.7	87.8	90.6	92.8	94.4	96	96.9
成分	11	12	13	14	15	16	17	18	19	
λ_i	0.14	0.11	0.11	0.08	0.06	0.02	0.01	0	0	
g_i/%	97.7	98.4	99	99.4	99.8	99.9	100	100	100	

对第 i 个受访者的评分 r_i 做投影有 $P \cdot r_i^{\mathrm{T}}$，$P \cdot r_i^{\mathrm{T}}$ 为 5 × 1 的投影向量。

考虑到各主成分的地位不同，这一点可以从表34的累积贡献率中看出来，另外，为了消除均值的影响，这里进一步将式（4－9）修正为

$$S_i = \gamma_0 \cdot W \cdot P_{K\times 19} \cdot \left(\begin{bmatrix} x_{i,1} \\ x_{i,2} \\ \vdots \\ x_{i,19} \end{bmatrix} - mX \right) + \gamma_1 \qquad (4-11)$$

其中 W 为针对不同主成分的权重，$mX = [\overline{X_1}, \overline{X_2}, \cdots, \overline{X_{19}}]^T$，参考式（4－10）。方程（4－11）中，$P_{K\times 19}$，$mX$ 已经确定。下面由各成分的贡献率来确定 W 的值，取

$$W = \frac{1}{\sum_{j=1}^{5} \lambda_j} \cdot [\lambda_1, \lambda_2, \lambda_3, \lambda_4, \lambda_5]$$

由此，方程（4－11）中只有参数 γ_0, γ_1 待定。

（二）参数 γ_0, γ_1 的确定

下面根据原则（b）来确定待定参数 γ_0, γ_1，即假定受访者对19个指标的量化赋值都是0，那么综合评价分值应该为0；反之，如果受访者对19个指标的量化赋值为满分5分，那么综合评价分值应该为满分5分。由此可得如下的线性方程组

$$\begin{cases} \gamma_0 \cdot W \cdot P_{K\times 19} \cdot \left(\begin{bmatrix} 0 \\ 0 \\ \vdots \\ 0 \end{bmatrix} - mX \right) + \gamma_1 = 0 \\ \gamma_0 \cdot W \cdot P_{K\times 19} \cdot \left(\begin{bmatrix} 5 \\ 5 \\ \vdots \\ 5 \end{bmatrix} - mX \right) + \gamma_1 = 5 \end{cases} \qquad (4-12)$$

方程组（4－12）中，第一个方程表示当受访者对19个指标的量化赋值都为0时，综合评价分值为0，第二个方程表示当受访者对19个指标的量化赋值都为5时，综合评价分值为5。经计算，可将方程组（4－12）化简为

$$\begin{cases} 6.6100 \cdot \gamma_0 + \gamma_1 = 0 \\ -8.5722 \cdot \gamma_0 + \gamma_1 = 5 \end{cases} \tag{4-13}$$

（4－13）为两个未知量 γ_0, γ_1 两个方程的方程组，且系数行列式

$$D = \begin{vmatrix} 6.6100 & 1 \\ -8.5722 & 1 \end{vmatrix} = 15.1822 \neq 0$$

因此，可用 Cramer 法则来求解方程组（4－13），记

$$D0 = \begin{vmatrix} 0 & 1 \\ 5 & 1 \end{vmatrix}, D1 = \begin{vmatrix} 6.6100 & 0 \\ -8.5722 & 5 \end{vmatrix}$$

则 $\gamma_0 = \frac{D0}{D} = -0.3293, \gamma_1 = \frac{D1}{D} = 2.1769$。

将 γ_0, γ_1 的取值代入方程（4－11）便得到最终的我国普通高校高水平运动队的绩效综合评价方程

$$S_i = -0.3293 \cdot W \cdot P_{K\times19} \cdot \left(\begin{bmatrix} x_{i,1} \\ x_{i,2} \\ \vdots \\ x_{i,19} \end{bmatrix} - mX \right) + 2.1769 \tag{4-14}$$

式（4－14）中，$W, P_{K\times19}, mX$ 均为已知。这样给定第 i 个受访者对于 19 个指标的量化评分

$$[x_{i,1}, x_{i,2}, \cdots, x_{i,19}]^T$$

利用式（4－14）可将之转化为一个综合评分。

下面利用式（4－14）将本章所调查的 30 支高水平运动队的 90 个受访者对 19 个指标所给的评价分值 $r_i, i = 1,2,\cdots,90$ 转化为一个综合评价分值 $S_i, i = 1,2,\cdots,90$，且将同一个运动队的 3 个受访者的综合评价分值进行平均，作为该运动队绩效的综合评价分值。表 35 列出了 30 支运动队的绩效综合评分及其排名情况。

表 35　根据公式（4－14）所得的 30 支运动队的绩效综合评分及其排名情况

运动队	SHDX	SDLG	CQYD	GXSD	XMDX	HZSD
综合评分	2.69	1.97	1.62	1.63	2.72	2.72
排序	10	18	26	24	8	7

续表

运动队	CDXY	XNDX	CQSD	HNLG	SXSD	BFMD
综合评分	1.32	1.79	2	2.84	2.16	1.31
排序	29	21	16	4	14	30
运动队	QHMD	XJDX	QHSD	NXDX	XAJD	SYJD
综合评分	1.86	2.19	2.69	1.97	1.62	1.67
排序	20	12	9	17	25	23
运动队	HNSD	JLDX	NMKD	GXMD	NMSD	BJSD
综合评分	2.74	2.74	1.32	1.75	2	2.84
排序	6	5	28	22	15	2
运动队	JMDX	SDND	SHCD	LNSD	WHLG	QHDX
综合评分	2.16	1.35	1.86	2.24	3.45	4.1
排序	13	27	19	11	3	1

对我国普通高校高水平运动队建设综合绩效评价，本研究主要通过对30所调查院校从事运动队的管理人员、执训运动队的教练员、参加运动训练的在校运动员三个群体，针对运动员子系统、教练员子系统、管理子系统、物质条件子系统四个方面进行现状调查统计，得出调查院校的粗略排名。对于排名顺序方面可能存在一些不够精确的方面，但是通过统计排名仍然能够得出一些值得确定的结论。研究认为，当前我国普通高校高水平运动队绩效高低，仍然由被考核院校为国家输送竞技体育优秀运动员人才数量多少决定。为了更进一步地分析综合绩效的影响因素，及其排名靠前的招收院校在高水平运动队建设方面都具备哪些突出的表现，我们将更加详细地分析排名第一位的清华大学高水平运动队建设概况。

案例分析：清华大学高水平运动队胡凯、王颖等运动员，在第22届世界大学生运动会上表现优秀，闻名全国的“清华模式”将是国内普通高校高水平运动队学习和效仿的榜样。1994年以来，清华大学秉承“体脑平衡，追求卓越”的高水平运动队建队思想，目前拥有26个大项目的38支运动队。清华大学曾有“清华跳水队”“眼镜飞人胡凯”“秀才枪手刘天佑”等成功实例，被媒体誉为“背着书包上赛场”的清华大学高水平运动队成为我国竞技体育“院校化”培养模式的成功典范。

“清华模式”成功的原因分析包括以下几个方面。

（1）名校效应。清华大学高水平运动队建设能够成功，其原因之一是其名校效应。清华大学属于国内顶尖高等院校，其在培养高水平运动员方面具有很大的优势。首先，该校凭借名校的魅力能够吸引运动技术优秀的运动员苗子，运动员为能够进入清华大学读书感到自豪。其次，清华大学对优秀运动员苗子进行培养，使其运动成绩提高相对容易。能够为国家输送优秀运动员人才，学校更加受到国家的重视，在运动队建设方面投入力度更大，促成了清华大学高水平运动队发展进入一个良性循环，从而奠定了“清华模式”辉煌的基础。

（2）丰厚的竞技体育人力资源。竞技体育人力资源主要包括运动员、教练员、管理人员、科研人员、医务监督人员和运动队服务人员等。诸多竞技体育人力资源配置中，对于竞技发展和竞技表现能力起关键因素的仍是运动员和教练员两大群体。清华大学跳水队主教练是于芬教授。于芬在担任清华大学跳水队主教练之前曾是国家跳水队的副教练，且清华大学跳水队的部分运动员接受过国家队正规、系统的训练，为清华大学高水平运动队建设奠定了良好的基础。

（3）良好的场馆资源物质条件。据清华大学高水平运动队自评报告（2010），清华大学现有各类体育训练、教学场地 105 个，总面积 216 430 平方米。其中可以用于高水平运动队训练的场馆设施有西体育馆 1 座（8 038 平方米），综合体育馆 1 座（12 000 平方米），游泳、跳水馆 1 座（8 000 平方米），射击馆 1 座（含 10 米靶位 56 个，50 米靶位 10 个，25 米靶子 2 组），塑胶田径场 3 个，田径跑道铺设 120 米塑胶跑道，内设跳高、跳远训练场。塑胶田径场和草坪足球场配有田径、足球等竞赛活动所需的各类标准运动器材。

（4）可观的经费支持。清华大学高水平运动队经费主要来自学校专项经费、学校体育基金投入与社会捐款赞助三种途径。其费用投入基本情况为：高水平运动队营养补助为 65 万元/年、田径队经费为 50 万元/年、篮球队经费为 20 万元/年、赛艇队经费为 50 万元/年、射击队经费为 50 万元/年、其他队伍经费为 30 万元/年，年度投资总合计为 265 万元；在训运动员年度经费投入方面人均大于 1.5 万元。

通过上述分析发现，清华大学高水平运动队综合绩效评价占有绝对优势是一种必然。从运动训练原理可知，满足运动队训练需求的人力、物力、财力这三个方面清华大学都具有明显的优势。运动队高绩效的获得取决于其优秀运动员的竞技能力，而运动员的竞技能力又是丰厚的竞技体育人力资源、良好的场馆资源和可观的经费支持等因素综合作用的结果。这正好印证了前面所得的结论。另外，清华大学高水平运动队建设的高绩效还与一些外部因素有关，如清华大学的名校效应等。在影响绩效的外部因素这一点上，各院校的外部因素不尽相同。

四、本章小结

本章主要包括以下几方面工作。

（1）以第四章筛选出的 19 个重要绩效指标为依据，设计问卷对随机抽取的 30 支运动队进行问卷调查。研究发现：①高水平运动员的比赛成绩取决于运动员的来源途径、竞赛管理和训练效果三个主要方面；②竞赛管理，是制约普通高校高水平运动队发展的又一重要因素；③训练效果的收益高低直接影响着运动成绩的提高与否；④场馆器材等基础条件建设对高水平运动员比赛成绩和训练效果的影响较小，而运动队的医疗监督对运动队的建设绩效有较大的影响。

（2）采用多元回归分析方法，综合考虑各指标对比赛成绩和退役就业的影响或者贡献情况。研究发现：我国普通高校高水平运动员竞技能力的提高与否，主要取决于运动员是否有好的来源途径、招收院校对于其高水平运动队建设规划、竞赛管理制度是否合理、运动员进入高校的训练动机和经费支持程度的高低。

（3）以调查所得数据为基础，利用相关系数法来分析各因素间的相关性；利用脊回归方法来分析各因素对比赛成绩和运动员的退役就业情况的贡献率；利用主成分分析法构造了普通高校高水平运动队的综合评价指标，并利用该指标对受访的 30 支运动队的建设绩效进行评价。研究发现，高水平运动队的绩效排名与其所培养的优秀运动员的竞技能力有很大关系，并以清华大学高水平运动队为例进行分析。

本章对基于统计分析方法得到的结果进行进一步的解释和分析。本章的分析能够为我国普通高校高水平运动队的建设和优化提供指导意见。

第五章 我国普通高校高水平运动队绩效改进

绩效改进是绩效评价的核心环节，也是进行绩效评价的终极目标。而绩效评价的结果能否在实践工作中合理地应用，关系着评价对象绩效改进的成败。因此，本研究通过前面章节对我国普通高校高水平运动队历史沿革、发展现状、办队绩效现状、评价指标体系、绩效分析等方面的研究，结合研究发现制约高校高水平运动队发展的瓶颈问题，提出相应的绩效改进策略，旨在提高我国普通高校高水平运动队创办绩效，实现国家赋予高水平运动队的责任和义务，使其走上具有我国特色的可持续发展轨道。

本章将从绩效改进指导思想、绩效改进流程、绩效改进策略探索三个方面进行探讨研究。

一、绩效改进指导思想

绩效管理认为，对一个运行中的系统进行输出结果效益的评价、监管，才能保证其系统朝向理想的目标发展。基于前文对我国普通高校高水平运动队绩效问题的分析，在绩效改进阶段坚持遵循以下指导思想。

一是对评价对象的绩效改进策略，应建立在前面章节对高水平运动队绩效现状分析的基础之上，避免出现“只播种不见收成”的现象。为此，研究回顾我国普通高校高水平运动队评价监管历程，综合分析我国普通高校自 1987 年办队以来，国家分别于 2005 年和 2010 年两次对高水平运动队的建设进行评估。研究发现这两次评估至少存在两个不足，第一，评价指标体系的不确定性、指标赋值变化波动很大；第二，评价结果不透明，评估结束以后没有提出相应的改进策略和措施。基于此，本研究中尽量克服这两个问题。

二是绩效改进策略紧紧围绕国家创办高水平运动队的两个初衷：一是为国家培养具有较高科学文化素质、全面发展的优秀运动员人才，参加国内、国际重大体育赛事；二是为退役运动员提供继续学习和深造的机会，提升他们的就业能力。

建立在以上绩效改进指导思想的基础上，研究运用绩效管理知识探索性地提出了我国普通高校高水平运动队进行绩效改进的步骤和策略。

二、绩效改进流程

绩效改进流程，也就是提高评价对象绩效时的操作步骤与过程。本研究主要按照以下几个步骤对我国普通高校高水平运动队办队绩效进行改进。

第一步，绩效诊断，明确改进要点。首先，分析和讨论评价结果，找出影响高水平运动队绩效的关键因素和绩效问题产生的原因，将是绩效诊断的关键所在。然后，依据绩效的关键因素和问题，提取最重要的因素或对当前亟须解决的问题率先进行绩效改进优化，再对拟改进的重点问题进行时间、精力、成本等全方位的改进计划安排。

第二步，选择合理的绩效改进方法。绩效改进方法的选择是依照评价对象的属性和评价目标定位的。结合我国普通高校高水平运动队绩效特征，本研究运用“六西格玛管理”绩效改进方法，该方法在西方国家绩效改进案例中取得了成功的经验，但在我国仍处于起步和探索阶段。六西格玛绩效改进方法〔1〕，是指对评价对象进行定义（define）、测量（measure）、分析（analyze）、改进（improve）和控制（control）过程的总称，简称 DMAIC。

第三步，绩效改进结果评价。绩效改进测量和计划，也是绩效评价的一个部分，同样需要对绩效改进测量的实践效益和使用过程进行评价总结，从而为研究者提供一个理论基础，又作为实践操作者对评

〔1〕 王海燕，姚小远．绩效管理［M］．北京：清华大学出版社，2012．

价对象绩效改进总结经验、查找不足之处，为后续绩效改进奠定良好的基础。

三、绩效改进策略探索

基于前面章节对我国普通高校高水平运动队绩效问题的评价，研究依据绩效改进技术思想和方法，结合高水平运动队当前发展实际情况，从环境（管理）、主体（运动员、教练员）、客体（场馆器材、经费支持）三个方面进行绩效改进策略探索。

（一）转变管理方式，避免监管落入组织机构空当

依照前文的研究可知，当前我国普通高校高水平运动队管理组织机构分为两个部分，即教育部和国家体育总局。

实践操作中，由教育部负责高水平运动员的招收、学籍管理，而国家体育总局承担体育项目的管理、运动技术训练，乃至对部分优秀运动员进行有组织的集中训练任务。面对这种管理方式和机构组织，系统科学认为：信息与能量的传递路径直接关系着系统运行效果的表现，由于管理机构的复杂性，造成了该系统输入信息传递渠道的多变性，最终影响了其系统整体绩效的输出。因此，研究认为：既然高校高水平运动队主要任务是为国家培养优秀运动员人才，那么对其管理则主要由国家体育总局全面负责，实现管理途径的直接、经济和有效性。为此，就高水平运动员培养的机构环境来讲，需要转变管理方式，才能避免其落入教育部门和体育部门两个管理机构的空当。在此基础上，研究结合国内外普通高校培养优秀运动员实践经验，笔者探索性地提出了我国普通高校高水平运动队管理组织机构模型（图 27）。

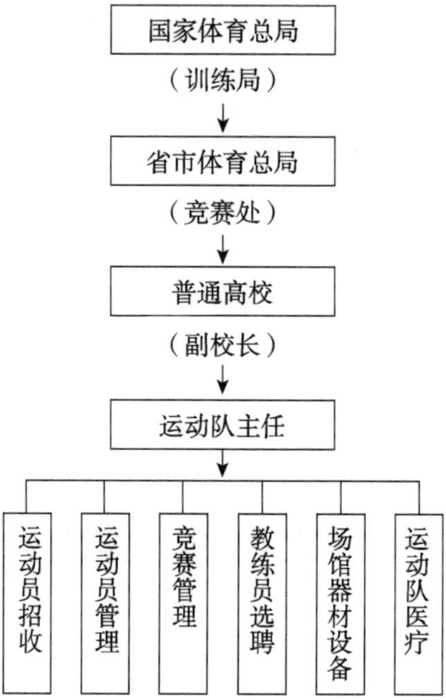

图 27　我国普通高校高水平运动队管理组织机构模型

（二）修订《普通高等学校招收高水平运动员办法》

目前，我国普通高校高水平运动队招收办法，一直沿用原国家教委和国家体委于 1987 年联合颁发的《普通高等学校招收高水平运动员办法》（以下简称《办法》）。此《办法》相关解读包括以下内容。

（1）有关报考条件规定："具备以下条件之一且年龄不超过 22 周岁者方可报名。（一）高级中等教育学校毕业，获得国家二级运动员（含）以上证书且高中阶段在省级（含）以上比赛中获得集体项目前六名的主力队员或个人项目前三名者。"《办法》对于高水平运动员攻读专业没有明确限定。

（2）对于招收运动员攻读专业未做规定。普通高等学校以高水平运动员名义招收入校的学生，可以自选攻读专业方向，未必一定是体育专业。基于此空当，至少存在两个方面的不足：首先，一些从来没有训练过体育或者体育竞技能力达不到国家二级运动员水平的学生，为了就读理想的大学和喜欢的专业不择手段地"获取"运动员级别证书。其次，“鱼和熊掌不能兼得”故伎重演。运动员既要学习专业知识，又要坚持体育训练提高成绩，且其从事的两个领域又是“风马牛不相及”，从而极可能出现“相互抑制”“负迁移”现象。总之，按照这样的推理可知此模式造就出的人才极可能是“不伦不类”型[1]。

（3）有关招收测试内容未做明晰的要求。关于招收高水平运动员测试内容，《办法》这样规定：“组织进行体育专项统一测试的省（自治区、直辖市），其所在地招生学校体育专项测试的要求不得低于本省（自治区、直辖市）制定的统一测试标准。”可见，目前《办法》对于全国235所普通高校招收高水平运动员测试内容无统一标准，从而出现“百花齐放，百家争鸣”的高水平运动员招收标准方案，造就了“公说公有理，婆说婆有理”的较为混乱的局面[1]。

基于前文对于《办法》的解读，研究认为，为培养国家所需的全面发展、具有较高科学文化素质的竞技体育人才，有效过渡优秀运动员培养由举国体制逐步向“院校化”模式转化，修改《办法》势在必行。具体修订包括以下几个方面。

（1）报考年龄。

运动员的招收级别为国家二级运动员，这样较低的运动技术水平加之其年龄较大，遵照优秀运动员的培养规律，运动员成才年龄分布阶段划分如图28所示，这足以说明运动员培养潜力不大，如果再对其进行投入训练，结果将是重复劳动、浪费国家竞技体育资源。当对一个没有培养前途的运动员进行训练时，他在训练实践中将表现出不纯粹为提高运动成绩为目标的训练动机。因而，当运动员训练动机与国家培养优秀运动员的初衷相偏离时，则难以提高运动成绩，最终结果是运动员仅仅获得了招收院校的大学本科文凭。前文研究显示，训练动机是影响高水平运动队训练效果的首要因素。根据本研究对有关运动员训练动机的现状调查可知，占总调查人数63%的高水平运动员的训练动机是“实现大学梦想”而并非“提高运动成绩”，研究认为，出现这种现象主要是由运动员的来源途径及招收级别所致。另外，高水平运动队的竞赛制度和竞赛管理也是影响高水平运动队训练效果的重要因素。训练动机是个复杂的变量，它是众多优秀运动员培养系统内外部因素共同作用的结

[1] 马兆明．我国《普通高等学校招收高水平运动员办法》修订研究［J］．河北体育学院学报，2010，24（6）：40－42.

果。除了上述运动员来源途径、招收级别、竞赛制度和竞赛管理等因素以外，还受教练员、家长对运动员的期待、反馈与报酬、运动员独立自主的欲望、训练所产生的生理效应、训练目标以及运动员的社会意识[1]等因素的影响。

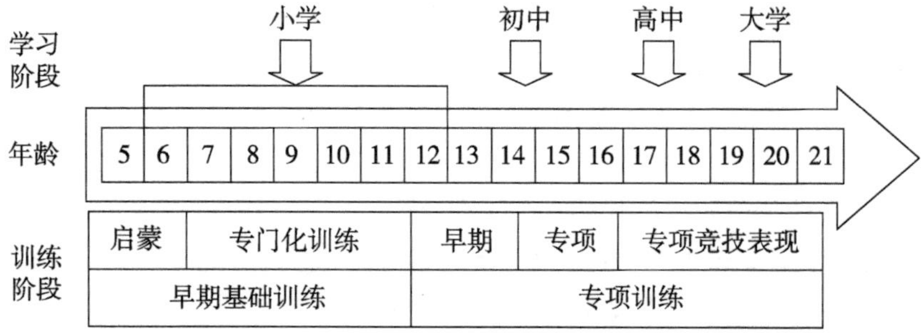

图28　竞技体育优秀运动员培养阶段与学习关系

因此，高水平运动员报考年龄应包括两个层次：一是以培养优秀运动员为目的的高水平运动员年龄；二是指代表国家、省市参加体育赛事做出贡献且技术等级达到国家一级运动员以上的高水平运动员年龄。研究认为："我国普通高校高水平运动员招收时，应该严格限定运动员学生的报考年龄，对于报考年龄分为两种情况：①普通高中毕业生及相当学历的中等职业学校，报考年龄为'不超过20岁'；其培养目标是国家竞技体育后备选手为主。②对于省级以上运动队退役运动员报考年龄适当放宽；其培养目标侧重于竞技体育专业教练员方向发展。"[2]

（2）运动级别。

目前，通过本研究对于我国普通高校高水平运动队招收的运动员年龄调查统计，进入高校的高水平运动员很大比例是普通高中毕业生，相对运动选材来说年龄较大。招收的运动员中约一半为国家二级运动员，其他为国家一级运动员，且健将级运动员的基本来源为省市运动队的退役运动员，基于这样的运动员选材条件，其培养潜力不大。

杨伟堂认为，"目前，高校运动队尚未进入中国竞技体育的主流，

---

〔1〕王舜霞．高水平运动员心理疲劳研究［J］．体育文化导刊，2009（4）：45－48．

〔2〕马兆明．我国《普通高等学校招收高水平运动员办法》修订研究［J］．河北体育学院学报，2010，24（6）：40－42．

多年来很少依靠自己的力量培养出具有国际水平的运动员”[1]。研究认为，普通高校招收国家二级运动员进行再培养，结合运动员年龄情况来看其运动潜力不大，无继续培养前途。即使再培养只能是低水平重复操作，运动技术成绩仍处于业余水平，与国家培养高水平竞技体育人才目标相差甚远。笔者认为，我国普通高校高水平运动队招收应坚持“精选精练，宁缺毋滥”的竞技后备人才培育原则，保证“优钢用到刀刃上”的资源利用理念的贯彻实践[2]。可将高水平运动员招收报考级别条件，由原来国家二级运动员改为国家一级运动员，提高国家竞技体育资源利用率，这样从选材上提高优秀运动培养的成才率。

（3）攻读专业。

研究对高水平运动员的就读专业现状、就业意向、毕业去向三个指标进行调查，通过对回收的 241 份在训高水平运动员有效问卷统计，46.29% 的运动员攻读体育类专业，也就是说占总人数的53.71% 的运动员选择学习体育以外的其他专业。就业意向方面，仅 41.67% 的运动员愿意从事体育教学、训练等相关工作，58.33% 的运动员不愿意从事体育类工作。基于这种现状，我国普通高校高水平运动队在大学学习训练期间学训矛盾是必然的，其最终结果是竞技水平业余化，浪费国家竞技体育资源。

学训矛盾一直是影响我国普通高校高水平运动队发展的瓶颈问题，也是制约普通高校运动员成才的重要因素。如何处理好高水平运动员的文化课学习与竞技体育训练，是现阶段我国“院校化”竞技人才培养模式极为突出的问题，更是国内外学者们对竞技体育人才培养的关注焦点。笔者认为，应当修订与完善“院校化”竞技体育人才培养办法，把招收专业由“自选专业”改为“体育专业”才更符合事物发展的客观规律，普通高校竞技体育“院校化”模式才显得更成熟、更科学化，学训效果才会达到事半功倍的效果，竞技体育资源利用率才有可能提高，其模式下所培养的人才更能突出体育专业性。[3]

---

〔1〕 杨伟堂. 我国高校高水平运动队建设与奥运战略协调发展的研究［D］. 上海：华东师范大学，2005.

〔2〕 马兆明. 我国《普通高等学校招收高水平运动员办法》修订研究［J］. 河北体育学院学报，2010，24（6）：40－42.

〔3〕 马兆明. 我国《普通高等学校招收高水平运动员办法》修订研究［J］. 河北体育学院学报，2010，24（6）：40－42.

（4）测试内容。

目前，我国普通高校高水平运动员招收过程中，运动项目的测试内容和标准没有统一规定。因而，全国各地各个院校有关招收项目的测试内容“五花八门”，同一项目院校之间的考核内容大相径庭，那么，究竟哪些考核内容才能够符合优秀运动员选材标准的要求？对于此问题很少有人问津。笔者认为，应制定全国统一测试内容和标准。“不以规矩，不能成方圆”，何况关乎教育事业和体育事业双重重要层面问题的高水平运动员招收，目前在国内暂无统一的招考测试内容。为避免地区之间、院校之间，由于测试内容不同、标准不同出现招生制度不平等现象，使我国“院校化”竞技体育人才培养模式真正落到实处，实现国家竞技体育发展需要的终极目标，结合项目特点的要求制定高水平运动员各项目测试内容，保证我国高水平运动员招收公平化，统一其测试内容显得尤为重要。

基于此方面的考虑，研究认为，在同一测试内容和评价标准的基础上，应提升体育项目的测试难度和要求，突出运动技术的重要性。应避免部分高水平运动员勉强达到体育专业测试要求，因其文化考试成绩较好而踏进了理想高校的门槛，却限于个人自身条件，经过四年的运动训练未能够具备一个高水平运动员所具有的素养。因此，应通过“严进”保证竞技体育资源的有效利用，同时为竞技体育人才退役后留下较多的就业机会、更大的发展空间，实现“物尽其用，人尽其才”的用人机制原则〔1〕。

（三）规范教练员选聘，提高运动训练效果

教练员是运动训练队伍的组织者，又是高水平运动员的直接管理者，是在运动训练中负责训练计划的执行者，所以教练员的执训水平直接关系着运动队伍的建设和运动员竞技能力的培养水平。研究发现：当前，我国普通高校高水平运动队的教练员大都来自普通高校从事体育教学的教师。众所周知，运动训练与体育教学之间存在着本质区别。运动训练强调运动成绩的提高，而体育教学注重技术动作的掌握，它们之间

〔1〕 马兆明，王健．基于择业价值取向的我国竞技体育人力资源利用率研究［J］．成都体育学院学报，2011，37（1）：23－26.

虽有联系，但差异很大。因此，体育教师担任高水平运动训练工作仅是为了训练而训练，致使训练效果不明显。另外，从事高水平运动训练的教练员缺乏有针对性的培训，致使其训练方法陈旧、手段得不到更新，不能适应现代运动训练的要求。可见，组建一支知识结构合理、综合素质较强的教练员队伍尤为重要。组建质量较高的教练员队伍不外乎两点：首先，制定科学的选聘条件，录用具有训练能力的教练员；其次，通过教练员的继续学习与培训，不断充实新的理念和训练方法，提高训练效果。

第一，在选聘教练员时，遵循国家统一教练员资格认定制度，严格教练员选聘工作，实现教练员职业专职化，避免教学岗位体育教师兼职高水平运动队训练任务带来的弊端。除了参照其来源渠道以外，要综合考核教练员的知识结构以及相应的能力素质。教练员的知识结构应该包括有关运动员的知识，运动竞赛的知识，体育教学的知识，运动与保健的知识，体育组织管理的知识，体育社会的相关知识，生理、心理、生化等综合性知识以及人文知识。这些知识经过反复应用和实践，最终形成相应的技能和能力。相关部门在聘用教练员时，应该设计严格的筛选条件和考核环节，使得选聘的人才知识结构合理化、职称结构合理化，并使不同知识水平的人各尽其能，相互配合，共同组成一个结构平衡的群体。研究认为，教练员的来源主要是国家队或省级具有较高运动训练经历的退役优秀运动员。这样既解决了优秀运动员的退役就业问题，又达到了竞技体育人力资源的循环利用，提高了国家竞技体育资源利用率。

中国教练员培训团（2006）对国外教练员培养现状研究表明，加拿大教练员的管理部门主要是成立于 1974 年的教练员协会，该协会负责教练员资格认证、教练员培训、教练员能力评价、教练员经费保障。其中，在教练员资格认证时采取不分项目而将教练员级别定为 5 个级别，通过所有课程学习考试颁发教练员执业资格证书。考试教材内容包括必修和选修课程，必修课包括实践能力测评、运动生理学、身体训练、运动营养、运动恢复、运动员心理准备、训练大纲设计、运动员的长期培养、领导能力与道德规范；选修课包括环境因素与运动能力、高级技术动作的运动力学分析、教练经营、加拿大体育系统等内容。而美国主要是通过全国教练员联盟形式对教练员进行培养与管理，包括召开高水平教练员高峰会、教练员表彰大会、教练员联盟组织的各种活动。

从组织与管理形式来看，美国教练员培养体系较为松散，但是国家非常重视美国奥林匹克联盟教练员培养与成长。

第二，注重教练员的继续教育，提升执训能力。为提高教练员素质，国家体委从1992年开始举办教练员岗位培训班，要求各业务司遵照培训法规组织高级教练员岗位培训工作，并规定岗位培训合格证是教练员申报任职、晋升的必备条件之一。[1]调查发现，占调查总人数的42%的教练员认为教练员素质的提升途径主要是集中培训学习；24%的教练员认为提升个人能力的最佳途径为优秀教练员的传、帮、带；20%的教练员认为出国交流学习，才能很好地提高执训能力；14%的教练员认为“回笼”将是提高运动训练效果最好的途径。

（四）完善管理制度，规范高水平运动队竞赛组织

2007年时任国家体育总局局长刘鹏在全国体育局长会议上讲话指出：“政策和策略是党的生命。体育事业的不断发展，体育竞争的日益激烈，体育关系的复杂化和利益的多元化，更凸显了政策研究的重要性和紧迫性。要看到，我们的政策研究工作还远远不能适应体育的发展变化，还比较薄弱、滞后，对政策的研究不够全面、系统、深入。我们的政策意识、政策水平还不适应管理需要，往往就事论事，顾此失彼。”[2]

可见，完善高水平运动队管理制度，规范运动队竞赛组织将是提高运动队办队绩效的重要突破口。运动队管理制度主要包括运动员守则、教练员守则、训练管理制度、科研管理制度、医务工作管理制度、文化课学习制度、生活管理制度、思想教育制度等，国家队管理制度更为细致且全面。普通高校高水平运动队招收管理部门属于教育部门，而运动员的选拔与培养则由体育部门承担，从而容易出现管理空当。研究认为，竞技体育乃至体育事业的发展规划，应归属于国家体育总局，由其统筹安排国家体育事业发展，缩短国家职能部门实施有效管理的路径。

---

〔1〕 刘筱霞．中国田径“大国家队”组建及管理的研究［D］．北京：北京体育大学，2009：40.

〔2〕 国家体育总局．2008中国统计年鉴［M］．中国体育年鉴社编辑出版：13.

有关制度建设影响运动训练实践的问题，同样出现在国家队的建设中。根据周爱国[1]对我国国家队管理文件的实施过程中运动员对管理制度的满意度调查（表36）统计，可以得出：①五大类项目运动员对国家队制度的满意度不是很理想，评价为“一般”档次的平均比例为37.2%；②优势项目和潜优势项目仍有2%的运动员感到“很不满意”；③国家队管理制度的革新与完善显得极为必要，且尤为迫切。因此，处于完善阶段的普通高校高水平运动队管理制度建设，更需要国家和招收单位的管理部门重视这方面的提高。

表36 我国国家队运动员对管理制度的满意程度调查统计 $n=125$

项目	很满意/%	比较满意/%	一般/%	不满意/%	很不满意/%
优势项目	24.4	33.3	40.0	0.0	2.2
潜优势项目	23.7	22.0	47.5	5.1	1.7
落后项目	13.0	34.8	52.2	0.0	0.0
基础大项	44.7	23.4	21.3	10.6	0.0
集体项目	25.0	50.0	25.0	0.0	0.0

目前，我国普通高校高水平运动队能够参加的国家级竞赛，唯属每四年一届的全国大学生运动会。而绝大多数高水平运动员从未参加过正规的赛事就毕业离开了运动队。“没有体育竞赛，就没有优秀运动员。”因为体育训练是一项与实践密切联系的工作，其要求运动员不仅具备扎实的理论功底，还需要丰富的经验性知识和实践性知识。因此，组织各类赛事对优秀运动员的挖掘与培养非常重要。竞赛制度不合理也是影响高水平运动队发展的重要因素。研究发现，我国大部分高校高水平运动队培养的运动员一旦未能入选全国大学生运动会，那么，这些运动员大学四年几乎不能参加比赛，最后就出现“校内练兵，不了了之”的局面。调查中发现，教练员和运动员自身对赛事也非常期待，访谈中很多学生都反映，“组织更多的比赛”（学生I），“制订合理的训练计划，将比赛与训练相结合，提高运动员的运动竞技能力”（学生J），“多参加比赛提高运动技术水平和队伍整体水平”（学生K）等。另外，在大量研究中，教练员也认为运动员“校内练兵”和“闭门造车”是影响其

[1] 周爱国．我国国家队运动员人本管理理论研究［D］．北京：北京体育大学，2010.

成长的重要原因。因此，建议体育管理职能部门除了每四年举办一次全国大学生运动会以外，应以全国7个行政区域为基础，各地区每两年举办一次高等院校高水平运动员体育运动会，另外，在各省（市）之间可以每年联合举办一次高水平运动员体育友谊联赛。这样不仅可以提高学生的实战能力，还可以促进校际间的交流与合作。

（五）坚持共生理念，提高场馆资源利用率

共生理论的核心理念是“构成共生体的共生单元，通过各共生单元之间的相互作用和共同协调促使系统的协同发展”。物质条件维度主要包括场馆器材和经费补助两个方面。研究发现，目前我国普通高校的场馆条件基本能够满足高水平运动队的训练，而能够与高水平运动员相匹配的运动器材相对欠缺，部分院校缺乏专项辅助器材的配备，限制了运动训练手段的良好实施，影响训练效果的发挥。因此，场馆物质资源已不是影响该系统发展的主要因素。

就现有场馆资源条件而言，如何充分地利用好现有资源，如何将国家体育资源的储备实现省市内院校之间共同协作，内部交流，以求共同生存的可持续发展都非常重要。因此研究认为，加强各子系统之间的沟通与协调，合理分配现有资源，提高资源的利用率，建立场馆和物质资源使用和管理制度。经费支持方面，调研中发现高水平运动队未受到学校领导的足够重视，训练经费难以保障运动队的发展，并且与国家4 000~5 000元/（人·年）的标准相差很远，仅个别学校投入能够达到高水平运动队的经费数额标准，其余占总数近98%的高校高水平运动队都不能达到此标准，由于经费支持力度不够制约了运动队的发展。

场馆物质条件是竞技体育运动训练基本的物质保障，关乎着运动员日常训练和竞技水平。根据前文研究发现，场馆器材等基础条件建设对高水平运动员比赛成绩和训练效果的影响较小，而运动队的医疗监督对运动队的建设绩效有较大的影响。另外，据本研究调查显示，当前高水平运动队招收院校的场馆条件基本能够满足教学需要，但尚未具备承办大型赛事的能力。大型赛事要求场馆除了能够开展各项比赛以外，还能够举办各类商业演出、展览和集会等。因此，要求场馆不仅具备一流的

硬件水平，而且要有人性化的服务和规范的管理[1]。因此，建议一些知名院校，如清华大学、北京师范大学、华中师范大学等院校可以改善现有的场馆物质条件，建设国内一流的场馆，承接一些大型赛事。这样可以增加学校的社会效益、经济效益和综合效益。

另外，医疗保健是运动员取得优异成绩的必备条件。原国家体委颁布的《优秀运动队工作条例》明确指出："加强训练和比赛过程中的医务监督，贯彻以防为主，防治结合的原则，采用国内外先进的医疗恢复手术设备，做好消除疲劳的工作，建立医生、教练员、运动员三结合的医务监督组织。"[2]由此看来，我国历来比较重视优秀运动员的医疗监督，但目前有些学校由于医疗条件得不到保障，训练的运动量和运动强度上不去，运动技术很难得到提高[3]。因此，具备高水平运动队招收资格的普通高校在具有良好的物质条件的同时，需要更加重视医疗监督工作。应该增加医疗监督经费的投入，改善医疗条件，为运动员提供最基本的训练修复保障。

（六）基于三维绩效系统的改进策略

于环宇[4]研究得出高绩效的三个要素，那就是"目标、动力和能力"，并将这三个提升员工绩效的维度称为"三维绩效系统"，如图29所示。他认为："员工的绩效，是目标、动力、能力三者的乘积。也就是说，缺少了任何一个要素，或者任何一个要素的得分很低，都会影响员工的绩效。"他提出了绩效公式：绩效 = 目标 × 动力 × 能力。绩效知识告诉我们，具有高效能的组织取决于两个条件：一是员工（参与者）的动机与组织的发展目标的吻合程度；二是组织系统在物质、能量、信息交换过程中的流畅性。

---

〔1〕 王伟忠. 大型体育赛事对场馆的综合效应分析 [J]. 南京体育学院学报（自然科学版），2009，8（4）：144－145.

〔2〕 付晓静，延向东. 我国优秀运动员社会福利制度的研究 [J]. 武汉体育学院学报，2003，37（4）：13－16.

〔3〕 何亚辉，王美. 我国普通高校高水平运动队建设现状综述 [J]. 山西师大体育学院学报，2004，19（3）：63－66.

〔4〕 于环宇. 该绩效的秘密 [M]. 北京：北京大学出版社，2013.

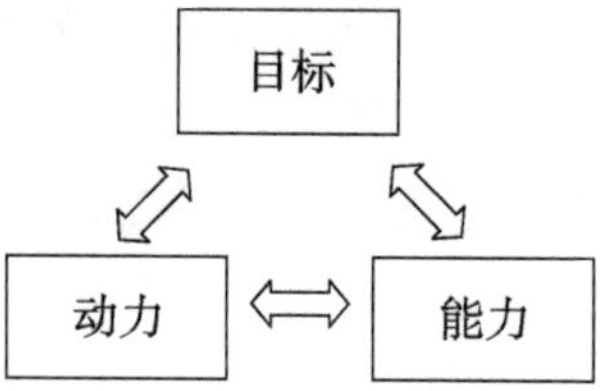

图 29　三维绩效系统

然而，对我国普通高校高水平运动员训练动机的调查显示：63% 的运动员参加训练的动机是“实现大学梦想”，24% 的高水平运动员参加训练是为了“提高运动成绩”，为国家竞技体育发展做贡献。基于此结论，结合当前现状我们基本可以探索出提升高水平运动队绩效的有效措施。

（1）准确定位，清晰目标。定位与目标的准确设定，对于一个组织来说非常重要。如果一个组织（个人）连自己想要什么都不清晰，即使他有积极的工作态度、超强的能力，那么，他的付出也得不到相应的回报。原因很简单，是他犯了方向不明确的错误。笔者通过阅读大量有关高水平运动队建设现状的调查研究，结合本研究针对学校领导重视程度的调查显示，目前存在较大比例的招收院校领导层面不清晰高水平运动队创办的真正目的与意义，从而使运动队在发展过程中失去了目标和方向。为此，研究建议国家定期召开高水平运动队招收院校主管校长会议，重申国家创办初衷，帮助个别院校准确定位、清晰目标。

（2）规范管理制度，提升训练积极性。运动队发展的动力，主要指运动员训练的积极性、教练员执训的责任性。那么，如何调动这两个群体的训练动力，就要靠规范的管理制度来刺激和约束他们。研究认为，对运动员来说，首先，限定就读专业，打消某些学生为了进入理想中的高校而参加训练的念头，端正运动员的训练动机；其次，合理赛事组织次数，让运动员带着任务进行训练，避免长期出现“校内练兵”没有实战的现象，使运动训练失去激情；最后，制定明晰、公开、透明的奖励制度，通过参加赛事奖励取得优异成绩的运动员，激发他们的训练热情。对教练员来说，制定规范合理的教练员选聘制度，选拔真正具有训练能力的教练员接手运动队的训练任务；运动队管理部门与教练员签订执训合同书，明确目标任务、奖罚规定，规范教练员的管理制度，保障运动队规范、持续发展。

（3）严格选拔条件，注重能力指标。运动队组织的能力，主要包括3个方面，即运动员能力、教练员能力、院校办队能力。在这3种能力中，将它们归类为人的能力和物的能力。

人的能力，是指运动员和教练员有能力接受高水平训练的任务，是指胜任力。有关胜任力，笔者借用“胜任力的冰山模型[1]”解释。该模型认为，人的工作胜任力是由知识、技能、自我概念、特质、动机五个部分组成，这五类特征对于人的胜任力的影响，就像冰山一样，分为海面以上的冰山（知识、技能）和海面以下的冰山（自我概念、特质、动机）两个部分。在实践中，我们对运动员的选材和教练员的选聘只能通过显性的特征来考察，即知识和技能。所以在选拔高水平运动员时应提升技能条件要求，精选精练；教练员录用过程中注重训练知识的储备，择优录用。

物的能力，是指招收院校所具备高水平运动员训练所需的场馆器材、训练经费开支两个主要方面。首先，国家主管部门对申请招收院校所具备的物质条件能力进行严格审核，把好第一关。其次，对已经招收高水平运动员的院校应该高度重视运动队伍建设，为运动队正常训练提供良好的物质条件，保障日常训练。

四、本章小结

本章我国普通高校高水平运动队绩效改进策略的提出，是基于前面章节分析处理所形成的。研究在提出改进措施和对策建议时，以“国家创办普通高校高水平运动队的两个初衷”为思想路线，设计了绩效改进流程，并提出了以下绩效策略。

（1）转变管理方式，提升管理效益。将当前高水平运动队管理由教育部和国家体育总局共同管理，转变为由国家体育总局直属管理。基于这样的转制，首先，能够很大程度上缩短运动队管理系统物质、能量、信息交换的时间，保障管理系统功能的涌现性。其次，很好地解除了高水平运动队管理落入教育部门和体育部门两个管理机构空当的担忧。

（2）修订《普通高等学校招收高水平运动员办法》。研究提出，重

[1] 于环宇. 该绩效的秘密［M］. 北京：北京大学出版社，2013.

新划定年龄界限，遵循运动选材规律；提升运动级别要求，避免低水平重复操作，浪费国家竞技体育资源；攻读专业由原来的未做要求，修订为高水平运动员只能攻读“体育专业”，实现“物尽其用，人尽其才”的资源管理理念，避免以高水平运动员招收为“翘板”造成高等教育不公平现象；统一测试内容和标准，制止“公说公有理，婆说婆有理”的混乱局面，维护高等教育管理的权威性。

（3）规范教练员管理和选聘。教练员是高水平运动队的组织者、管理者，又是实现运动队目标的第一线工作人员，他们的质量很大程度上决定着运动队绩效的发挥。为此，研究提出，教练员经国家体育总局组织培训学习，统一颁发教练员从业资格认定证书后，方可带队训练，从源头上制止“体育教师”当“教练员”的现象。同时，国家定期组织高水平运动队执训教练员培训学习，注重他们训练方法、手段、理念等的更新。

（4）完善赛事组织制度。目前，普通高校高水平运动员参加的比赛是每4年举行一届的全国大学生运动会。由于此赛事周期较长，造成大部分学生在读期间没有参加比赛的机会，只能“校内练兵，再校内练兵”的无目标训练，最后学制到期毕业。“囚徒困境”博弈模式认为：凡系统都有一定的惰性，惰性能够诱发熵增加，竞争是系统的反熵机能，通过竞争激发组分以及整个系统的主动性、能动性、创造性，涌现出更大的整体效应。相反，竞争的削弱将导致系统生命力的削弱。研究认为，国家每年举行各类赛事，能激发运动员和教练员的训练热情，如各地区比赛（西北地区、华北地区、华东地区、西南地区）等高水平运动联赛、各单项目的锦标赛等。

（5）坚持共生理念，提高场馆资源利用率。研究发现，随着我国经济水平的提高，唯有体育场馆指标的建设大家满意度较高。但是，目前仍然存在院校之间交流不够、场馆资源利用率低下的问题。“礼尚往来”的博弈模式认为：在不断重复进行的博弈中，不管他人使用什么策略，自己的第一步总是合作，只要对方采取合作态度，自己就继续持合作态度；如果对方不合作，为惩戒对方，自己下一次就以牙还牙，采取不合作态度，直到对方采取合作态度后，自己重新持合作态度。为此，研究认为，院校之间在场馆器材使用方面应该互通有无，坚持共生理念，追求共同发展，才能为国家竞技体育事业发展做出贡献。

（6）研究基于“三维绩效系统”知识，以“目标、动力、能力”

三个维度从“人”和“物”两个层面概况总结了普通高校高水平运动队绩效改进的突破口，并提出了相应的改进措施。然而，在运动训练的实践中，制约运动员（人）、运动队（组织）绩效发挥的因素往往不止一个，且这些原因之间存在着错综复杂的关联性。因此，我们在解决具体问题时，一种干预措施往往不足以解决绩效问题，几种干预措施结合在一起才会取得更好的效果。

研究总结

我国普通高校高水平运动队创办是基于竞技体育事业发展背景下的产物。竞技体育的发展受一个国家政治、经济、文化和科技等环境因素的影响，但其归根结底取决于培养优秀运动员人才的数量和质量。而竞技体育的最高表现形式，被世界公认为奥运会赛事。自现代奥林匹克运动之父顾拜旦于1896年在希腊创办第1届现代奥运会以来，奥运会凭借着设置项目最全、技术水平最高、参与国家最多等特点，一直深受世界各国人民的喜爱。很多国家已将以奥运会为代表的竞技体育事业发展视作该国综合实力的体现，竞技体育深受各国人民的重视，甚至深受国家领导人的关注。如2009年在丹麦首都哥本哈根申办2016年奥运会的讲台上，美国总统奥巴马偕夫人、东京都知事石原慎太郎、西班牙首相萨帕特罗及夫人和巴西总统卢拉上演“四方争雄”轮流演讲争抢举办权。可见，竞技体育事业的发展已经超越了单纯体育赛事的竞技性，而是国家综合实力较量的重要平台，更是向世界展示该国国家发展和民族精神面貌的“橱窗”，受到世界各国的高度重视。

中华人民共和国成立以来，为了彻底改变落后的竞技体育面貌，1949年中华人民共和国中央人民政府将竞技体育发展提高到国家重要议事日程，1952年毛泽东提出了“发展体育运动，增强人民体质”为核心的“新体育”要求。在此要求下，国人不懈地努力和拼搏，经历了前景构想、模式借鉴、吸收兼并的曲折历程。直到1984年洛杉矶奥运会上，随着许海峰的一声枪响，我国体育代表团在苏联和东欧诸国缺席的背景下获得15枚金牌，进入金牌榜前列，从此拉开了中华人民共和国竞技体育新的征程。为此，国内学术界在探讨中华人民共和国竞技体育时，常以本届奥运会为“分水岭”。我国体育代表团在1988年汉城奥运会以5枚金牌、28枚奖牌总数，位列第11名；1992年巴塞罗那奥运会以16枚金牌、54枚奖牌总数，位列第4名；1996年亚特兰大奥运会以16枚金牌、50枚奖牌总数，位列第4名；2000年悉尼奥运会以28

枚金牌、59 枚奖牌总数，位列第 3 名；2004 年雅典奥运会以 32 枚金牌、63 枚奖牌总数，位列第 2 名；2008 年北京奥运会以 51 枚金牌、100 枚奖牌总数，位列第 1 名；2012 年伦敦奥运会以 38 枚金牌、88 枚奖牌总数，位列第 2 名。在亚洲竞技体坛，自 1982 年新德里亚运会至今，我国体育代表团金牌总数和奖牌总数一直稳坐“第一把交椅”。当我们欣喜于胜利的成果之余，确为震惊世界的中国特色举国体制优秀运动员培养模式敬佩。

然而，随着社会转型和经济的有效转轨，举国体制下以“体校—体工大队—国家队”为输送优秀运动员渠道的“三级网络”逐渐暴露出了很多不适应社会发展的弊端，诸如运动员科学文化素质低、退役就业困难等现实问题，严重地阻碍了我国优秀运动员培养系统的正常运行。这个制约我国竞技体育事业发展的瓶颈问题，引起了国内学者的关注。纵观国际竞技体坛，我们不难发现，从 1896 年雅典奥运会至 2012 年伦敦奥运会历届奥运会比赛中，美国体育代表团共获得 945 枚金牌、2 306 枚奖牌总数、15 届次第 1 名的优秀成绩显示着其“霸主”地位。细数历届奥运会美国金牌得主大都来自大学校园，美国大学被誉为奥运会金牌选手的“孵化器”。为此，原国家体委和国家教委借鉴美国大学培养优秀运动员的成功经验，于 1987 年开始试办普通高校高水平运动队。

我国普通高校高水平运动队从最初的 51 所，至目前发展到 31 个省、区、市（仅西藏不招收）的 275 所，体育项目涉及田径、篮球、足球、排球、游泳、武术、乒乓球、健美操、网球、羽毛球、定向运动、跆拳道、冰雪、龙舟、击剑、棋类、手球、射击、攀岩、赛艇、棒球、垒球、橄榄球、围棋、柔道、摔跤、艺术体操、桥牌 28 个。但仍有拳击、皮划艇、自行车、体操、举重、曲棍球、现代五项、马术、射箭、铁人三项、帆船帆板 11 个奥运会项目未列入高水平运动队招收计划。招收院校性质包括综合大学 78 所、师范类 37 所、财经类 24 所、工程工业类 22 所、理工类 18 所、科技类 17 所、农业类 13 所、交通类 8 所、医药类 8 所、石油类 6 所、政治政法类 6 所、民族院校 5 所、化工类 5 所、邮电类 4 所、航空类 4 所、矿业地质类 3 所、建筑类 3 所、电力类 3 所、林业类 3 所、外语类 3 所、海洋海事类 3 所、传媒类 1 所、艺术类 1 所，共 23 大类。招收数量方面国家规定：“本科院校招收高水平运动员的人数控制在本校年度本科招生计划总数的 1% 以内。”如果按照这个招收比例计算，我国目前 275 所招收院校，每所院校每年招收普通本科生人数为 5 000 人左右，那么高水平运动员招收人数应为 50 人。因此可以粗略计算出，目前我国在校高水平运动员人数规模大约为：50（人）×275（所）×4（年级）=55 000 人。综上看来，高校高水平运动队伍规模庞大，有与日俱增之趋势。那么，高校高水平运动队到底为国家输送了多少优秀竞技选手呢？为国家竞技体育事业发展做出了哪些贡献呢？

仔细历数，客观地讲，高校办高水平运动队未能培养出优秀运动员，高校高水平运动队名不副实，成了专业运动队退役运动员的“收容所”。虽然有过“清华大学跳水队”，但该队教练于芬是国家跳水队教练，队员郭晶晶、吴敏霞等是国家队所培养的优秀运动员。或许还有“眼镜飞人胡凯”“秀才枪手刘天佑”等校园体育明星，但其竞技水平与奥运会级别相差较远。可见，我国举办高校高水平运动队未能实现国家培养具有较高科学文化素质的优秀运动员，参加国际、国内重大体育赛事的“奥运争光”初衷。我国普通高校高水平运动队办队现状引起学术界持续的关注，研究者们针对此问题，从不同视角进行了探讨与分析。笔者曾较早地对我国《普通高等学校招收高水平运动员办法》进行修订与探索研究，试图能够改变我国普通高校高水平运动队尴尬局面。但是，最终结果却是事与愿违。究其原因，笔者认为，主要存在两个方面的因素：一是理论研究的确不能从根本上解决现实存在的问题；二是学术研究成果与实践改革脱节，也就是说，管理部门对学者研究成果应用不足。纵观众多研究，发现有关高水平运动队绩效评价的研究并不多见，即便有少量研究，仍停留在对个别项目绩效评价层面，或者是评价指标的选取上没有很好地体现国家创办高水平运动队的初衷。

目前，具有权威性的评价指标体系当数教育部 2005 年和 2010 年进行的两次评估，分析两次评估的评价指标体系内容，本研究认为至少存在三个方面的问题：第一，两次评估的评价标准不同，且这两次的指标赋值尚欠科学合理。2005 年标准是对指标的权重进行评定赋值，2010 年的标准是简单地给指标一个总分值进行评定。第一次评估的不足之处在于不能通过权重赋值评价其现状，第二次评估的不足之处在于评定指标的分值人为化，而忽略了指标对系统的权重。第二，两次评估工作的指标体系内容不同。2010 年指标内容是在 2005 年的基础上增加了“学校群体工作状况”一个指标，首先，增加这个评价指标偏离了国家创办高水平运动队的目的意义；其次，试问高水平运动队对群众体育工作开展有无关系？影响有多大？究竟如何评价未定。第三，评估周期过长。依照国家仅有的这两次评估工作的时间间隔，推断评估周期为 5 年。绩效专家于环宇认为绩效考核的周期过长，将会出现改进滞后现象，由于改进滞后就会出现“事后诸葛亮”现象。由此可见，我国普通高校高水平运动队评价指标体系的缺失，助长了“只播种不见收成”的局面。

针对我国普通高校高水平运动队创办的两个初衷，本研究以绩效理论为基础，结合国家有关高校高水平运动队政策文件、相关研究文献，运用层次分析法和关键绩效指标法构建了评价指标体系，然后使用了 360 度考核法对运动员、教练员、管理人员、专家四个群体进行了三个目标层的绩效分析评价，即优秀运动员培养绩效、解决退役就业绩效、高水平运动队整体绩效评价。

主要研究成果有以下几个方面。

（1）研究通过问卷法以我国七大行政区域为基础，调查了 15 个省（区、市）的 30 所普通高校高水平运动队建设情况。调查内容主要包括运动员的来源渠道、攻读专业、训练动机，以及运动员对教练员、学校管理、场馆资源条件等方面的满意度评价；教练员的专职化程度、执训能力、培训与提高，以及教练员对运动员的培养潜力、学校管理、场馆器材的满意度评价；学校管理的制度建设、经费投入，以及对高水平运动队的发展目标定位等内容。

（2）研究建立在国内外优秀运动员培养的相关文献基础上，分析了影响优秀运动员培养的主要制约因素；结合我国 2005 年和 2010 年两次普通高校高水平运动队评价指标内容，再通过专家问卷法筛选出运动员、教练员、管理人员、物质条件和退役就业五个主要维度的相关指标，构成了高水平运动队绩效评价指标，并对各指标进行数理统计分析，构成了绩效评价指标体系。

（3）研究主要依据国家创办普通高校高水平运动队的两个初衷，即培养优秀运动员人才和为退役运动员提供就业深造机会为评价目标，分别进行了其建设绩效评价。然后通过数理统计方法对目前高水平运动队建设绩效整体评价，探讨分析了制约其建设的瓶颈因素。

（4）研究建立在对我国普通高校高水平运动队绩效评价的基础上，结合当前国家经济、文化和科技发展现状，对高水平运动员培养实践中存在的主要问题探索性地提出了优化路径。同时，为使其优化路径获得良好的效果，也提出了控制策略，期待为我国竞技体育“院校化”培养模式运行提供理论方面的支持。

研究存在的不足体现在以下几个方面。

（1）研究对学科理论层次要求较高。涉及竞技体育、系统科学、绩效技术等相关学科领域的知识。由于笔者所学专业限制，对于系统科学、绩效技术等领域知识的掌握仍处于学习阶段。因研究所需，虽笔者已经研读了大量上述领域的著述，在理论上有了一定的积累，但在具体应用知识分析问题时，难免在认识和操作上存在不透彻之处。

（2）受限于条件和时间，本研究所构建的我国普通高校高水平运动队优秀运动员培养系统、绩效评价模型以及绩效改进策略并未得到实践的检验。研究成果对于改进我国绩效问题的效果到底如何？这将是后续进行的主要内容之一。

基于以上研究不足，笔者认为后续的研究中应做到：（1）继续研读有关竞技体育、系统科学和绩效技术等领域的书籍，夯实自己的学科理论功底；掌握科学的研究方法、手段和工具，结合我国优秀运动员培养实践中的具体问题，提出更深层次的认识，丰富竞技体育领域的理论成果。（2）绩效改进方案的应用和评价。针对本研究提出的优化路径和绩效改进策略，对部分院校高水平运动队进行为期 3 ~4 年的绩效改进方案试点，然后再结合实践中出现的新问题对策略进行修改。最后形成一套适合我国国情的普通高校高水平运动队建设绩效评价体系，为我国“院校化”模式下的普通高校高水平运动队发展提供理论和实践两方面的指导。

参考文献

普通图书

[1] 陈安槐，陈荫生. 体育大辞典 [M]. 上海：上海辞书出版社，2000.

[2] 顾明远. 教育大辞典（增订合编本）[M]. 上海：上海教育出版社，1998.

[3] 国家体育总局. 2008 中国统计年鉴 [M]. 北京：中国体育年鉴社编辑出版，2009.

[4] 华通咨询. 绩效优化 [M]. 北京：清华大学出版社，2012.

[5] 刘美凤，方圆媛. 绩效改进 [M]. 北京：北京大学出版社，2011.

[6] 苗东升. 系统科学大学讲稿 [M]. 北京：中国人民大学出版社，2007.

[7] 孙宗虎，西楠. 绩效管理工作手册 [M]. 北京：人民邮电出版社，2012.

[8] 谭璐，姜璐. 系统科学导论 [M]. 北京：北京师范大学出版社，2009.

[9] 王海燕，姚小远. 绩效管理 [M]. 北京：清华大学出版社，2012.

[10] 吴兆祥. 体育百科大全 [M]. 合肥：安徽人民出版社，1998.

[11] 熊晓正，钟秉枢. 新中国体育 60 年 [M]. 北京：北京体育大学出版社，2010.

[12] 熊晓正. 我国竞技体育发展模式的研究 [M]. 北京：人民体育出版社，2008.

[13] 于环宇. 该绩效的秘密 [M]. 北京：北京大学出版

社，2013.

[14] 池建．美国大学竞技体育管理 [M]．北京：人民体育出版社，2005.

[15] 李万来．竞技体育技术创新管理 [M]．北京：北京体育大学出版社，2009.

[16] 宋继新．竞技教育学 [M]．北京：人民体育出版社，2003.

[17] 颜天民．竞技体育的意义 [M]．北京：北京体育大学出版社，2003.

[18] 杨再淮．竞技体育后备人才培养 [M]．北京：人民体育出版社，2006.

[19] 列·马特维也夫．竞技运动理论 [M]．姚颂平，译．哈尔滨：黑龙江科学技术出版社，1997.

[20] 于文谦．竞技体育学 [M]．北京：人民体育出版社，2010.

[21] 周建梅．区域经济发展与体育人才培养 [M]．北京：北京体育大学出版社，2007.

[22] 张祖忻．绩效技术概论 [M]．上海：上海外语教育出版社，2005.

[23] 方振邦，罗海元．战略性绩效管理 [M]．北京：中国人民大学出版社，2013.

[24] 周西宽．体育学 [M]．成都：四川教育出版社，1998.

学位论文

[25] 戴智俊．中国优秀运动员多元化培养模式研究 [D]．长春：吉林大学，2009.

[26] 柴世军．北京市体育局训练基地管理现状的研究 [D]．北京：北京体育大学，2006.

[27] 郝玉．我国普通高校竞技体育人才培养可持续发展的研究 [D]．南京：南京师范大学，2006.

[28] 侯海波．美国竞技体育体制研究 [D]．上海：中国海事大学，2003.

[29] 黄昌领．山东竞技体育后备人才现状与发展对策研究 [D]．开封：河南大学，2007.

[30] 刘筱霞．中国田径“大国家队”组建及管理的研究 [D]．

北京：北京体育大学，2009.

[31] 罗巍. “体教结合”——建立优秀运动员后备人才教育培养机制研究 [D]. 武汉：武汉体育学院，2007.

[32] 潘登. 北京市高校体教结合培养高水平大学生运动员现状及对策研究 [D]. 北京：首都体育学院，2008.

[33] 彭琼. 陕西省竞技体育后备人才培养现状的调查研究 [D]. 西安：陕西师范大学，2007.

[34] 秦颖. 邓小平体育思想与当代中国竞技体育 [D]. 长春：东北师范大学，2008.

[35] 王利红. 我国普通高校高水平运动队建设现状与发展对策研究 [D]. 北京：北京体育大学，2007.

[36] 武恩钧. 天津市高校竞技体育绩效评价与资源配置研究 [D]. 天津：天津大学，2006.

[37] 项佳. 基于博弈论视角看高校竞技体育人才培养 [D]. 上海：上海交通大学，2008.

[38] 谢恩秋. 辽宁省高校高水平运动员高等教育的现状调查与对策研究 [D]. 大连：辽宁师范大学，2009.

[39] 杨伟堂. 我国高校高水平运动队建设与奥运战略协调发展的研究 [D]. 上海：华东师范大学，2005.

[40] 于爱军. 山东竞技体育后备人才培养现状及发展模式的研究 [D]. 上海：华东师范大学，2006.

[41] 张浩. 高校高水平运动队发展路径选择研究 [D]. 北京：北京体育大学，2008.

[42] 张舒扬. 高校高水平运动队绩效评价体系构建的研究——以山西省为例 [D]. 太原：山西大学，2007.

[43] 周爱国. 我国国家队运动员人本管理理论研究 [D]. 北京：北京体育大学，2010.

[44] 朱传辉. 普通高校体育教学绩效评价指标体系的研究 [D]. 北京：中国石油大学，2011.

[45] 温东良. 普通高校体育工作绩效评价体系研究 [D]. 南京：南京师范大学，2007.

[46] 吴畏. 普通高校学校体育绩效管理研究 [D]. 石家庄：河北师范大学，2010.

[47] 卫晓飞. 我国普通高校网球高水平运动队评价指标体系研究 [D]. 北京：首都体育学院，2012.

[48] 韩峰. 山东省普通高校高水平运动队建设与评价研究 [D]. 北京：首都体育学院，2012.

[49] 孙晓明. 江苏省高校高水平运动队核心竞争力评价指标体系的研究 [D]. 南京：南京师范大学，2008.

[50] 詹兴永. 江苏省高校高水平运动队管理评价体系研究 [D]. 南京：南京师范大学，2007.

学术期刊

[51] 白莉，韩影. 地方性院校办学规模适度性研究 [J]. 沈阳农业大学学报（社会科学版），2010，12（5）：560 - 563.

[52] 鲍军超. 基于平衡记分卡的高校高水平运动队绩效管理 [J]. 体育研究与教育，2012，27（5）：95 - 98.

[53] 蔡俊五. 民主德国和联邦德国体育领导管理体制社会化的成功经验 [J]. 体育科学，1989（2）：81 - 85.

[54] 陈进良. 河南省退役运动员安置工作调查与研究 [J]. 武汉体育学院学报，2010，44（7）：29 - 33.

[55] 陈颀，殷樱，夏崇德. 我国竞技体育可持续发展的评价指标与评价体系的构建 [J]. 首都体育学院学报，2007，19（2）：69 - 74.

[56] 陈书睿. 优秀运动员社会责任的法学分析 [J]. 天津体育学院学报，2011，26（1）：54 - 57.

[57] 陈伟. 高校试办高水平运动队的经济学浅析 [J]. 清华大学教育研究，2005，26（1）：83 - 86.

[58] 陈玉忠. 改革开放30年我国体育发展战略的演进与未来走向 [J]. 上海体育学院学报，2010，32（1）：25 - 31.

[59] 池建. 关于"高校试办高水平运动队政策"的解析 [J]. 天津体育学院学报，2003，18（4）：75 - 77.

[60] 丁海勇，韩冬，邵斌. 我国高等院校高水平运动员"学训矛盾"现状及对策研究 [J]. 北京体育大学学报，2007，30（3）：374 - 376.

[61] 董永利，袁建国，王建林，等. 高校教体结合培养竞技体育人才的研究——以浙江省为例 [J]. 成都体育学院学报，2010，37

(7): 81 - 85.

[62] 范凯斌. 我国优秀运动员结构研究 [J]. 体育文化导刊, 2010 (8): 31 - 35.

[63] 冯丽丽. 基于 AHP 的基层审计机关绩效评价体系的构建 [J]. 中小企业管理与科技 (上旬刊), 2013 (8): 62 - 63.

[64] 符明秋, 张锡萍. 我国优秀运动员退役及其角色转换研究 [J]. 北京体育大学学报, 2009, 32 (1): 141 - 144.

[65] 付晓静, 延向东. 我国优秀运动员社会福利制度的研究 [J]. 武汉体育学院学报, 2003, 37 (4): 13 - 16.

[66] 耿立志. 黑龙江省普通高校运动队可持续发展指标体系研究 [J]. 当代体育科技, 2013, 3 (10): 102 - 103, 105.

[67] 郭蓓, 姚颂平, 平杰, 等. 上海市优秀运动员就读普通高校的现状与对策 [J]. 上海体育学院学报, 2005, 29 (5): 10 - 14.

[68] 郭永奇. 新疆兵团农地利用的绩效评价 [J]. 国土与自然资源研究, 2013 (4): 34 - 36.

[69] 郝猛, 陈彦志. 新世纪、新格言、新发展、新理念 [J]. 沈阳体育学院学报, 2010, 29 (1): 36 - 38.

[70] 何亚辉, 王美. 我国普通高校高水平运动队建设现状综述 [J]. 山西师大体育学院学报, 2004, 19 (3): 63 - 66.

[71] 何志林, 董众鸣, 龚波. 新形势下我国高校竞技体育现状及发展策略 [J]. 上海体育学院学报, 2009, 33 (5): 73 - 76.

[72] 洪俊雄. 对广东省高校高水平运动队建设情况的调查研究 [J]. 安徽体育科技, 2012, 33 (6): 78 - 80.

[73] 江孝珠. 《协同论》与当代科学运动训练 [J]. 福建体育科技, 1989 (2): 10 - 13.

[74] 姜丽, 李栋. 广东省高校高水平运动队建设现状与发展对策研究 [J]. 山东体育学院学报, 2009, 25 (8): 93 - 96.

[75] 蒋玉跃, 杨东亚, 齐伟. 美国竞技体育人才培养模式的文化基因 [J]. 体育文化导刊, 2003 (5): 59 - 61.

[76] 教育部. 教育部 国家体育总局关于进一步加强普通高等学校高水平运动队建设的意见 [J]. 中华人民共和国教育部公报, 2005, Z2.

[77] 柯文进. 大学的规模、结构、质量、效益与大学的竞争力

[J]. 中国建设教育，2007（11）：18－21.

[78] 李军汉. 四川普通高校高水平运动队建设的现状分析与发展对策研究 [J]. 绵阳师范学院学报，2010，29（5）：126－129，134.

[79] 李乐正. 关于我国体育系统结构的分析及其优化结构的设想 [J]. 福建体育科技，1986（1）：1－13.

[80] 李丽，陈林祥，孙立海，等. 湖北省优秀运动员退役安置对策的研究 [J]. 成都体育学院学报，2006，32（2）：39－42.

[81] 李瑞林，刘峥. 退役运动员安置政策的演进研究 [J]. 北京体育学院学报，2011，34（2）：22－25.

[82] 李仕美. 普通高校试办高水平运动队价值目标的重新定位及发展对策研究 [J]. 山东体育学院学报，2006，22（2）：106－109，112.

[83] 廖生波，郑超. 基于 WSR 三维视野下的高水平运动队管理模式的构建 [J]. 体育与科学，2013，34（4）：100－104.

[84] 林显鹏，虞重干. 现代奥运会对主办城市经济发展的影响及其规律的研究 [J]. 上海体育学院学报，2006，30（2）：1－7.

[85] 凌平，李寅生. 德国统一前后竞技体育发展的社会学分析和展望 [J]. 天津体育学院学报，1993，8（1）：22－26.

[86] 凌平，张柱. 关于美国招收学生运动员管理制度的研究 [J]. 山东体育学院学报，2002，18（3）：15－19.

[87] 凌平. 中美高校大学生体育运动竞赛管理体制的比较 [J]. 体育与科学，2001，22（3）：5－7.

[88] 刘成，司克虎，李儒新，等. 我国竞技体育与高校竞技体育互动发展进程中的隐形冲突分析 [J]. 天津体育学院学报，2008，23（6）：512－515.

[89] 刘贵清. 基于 DEA 与 AHP 方法的中小企业绩效评价模型 [J]. 企业管理，2013（14）：173－175.

[90] 刘建国，刘希佳，刘雪岩，等. 发挥高等院校和竞技体育系统的优势培养优秀的竞技体育人才 [J]. 体育学刊，2004，11（1）：124－126.

[91] 刘旭东. 我国运动员成长的困境及其出路探析 [J]. 南京体育学院学报，2010，24（4）：81－84.

[92] 刘志民，虞重干，刘炜，等. 竞技体育可持续发展的评价指

标体系［J］. 体育学刊，2002，9（1）：15－19.

［93］卢志成，李斌琴. 对优秀运动员“免试上大学”政策的辩证思考［J］. 南京体育学院学报，2011，25（2）：12－16.

［94］马耀琪. 我国优秀运动员退役再就业的对策研究［J］. 北京体育大学学报，2009，32（6）：141－144.

［95］马玉芳，江山，刘爱. 普通高校高水平运动队可持续发展若干问题的思考［J］. 北京体育大学学报，2012，35（11）：87－92.

［96］马兆明，王健. 基于择业价值取向的我国竞技体育人力资源利用率研究［J］. 成都体育学院学报，2011，37（1）：23－26.

［97］马兆明. 宁夏普通高校竞技体育人才培养现状与改革策略探究［J］. 四川体育科学，2010，132（4）：21－24.

［98］马兆明. 我国《普通高等学校招收高水平运动员办法》修订研究［J］. 河北体育学院学报，2010，24（6）：40－42.

［99］马兆明. 我国竞技体育在国际竞技体坛格局定位与发展研究［J］. 吉林体育学院学报，2012，28（3）：18－21.

［100］马兆明. 我国优秀运动员培养模式演变历程与选择研究［J］. 四川体育科学，2012，133（1）：9－13.

［101］马兆明. 中国竞技体育强国使命之民族精神需要探析［J］. 运动，2010（14）：23－24.

［102］马兆明. 中国竞技体育人才培养模式结构优化与控制［J］. 沈阳体育学院学报，2010，29（1）1－7.

［103］马志和，徐宏伟，刘卓，等. 我国青少年体校人才培养现状与发展思路［J］. 成都体育学院学报，2003，29（2）：39－42.

［104］马忠利. 俄罗斯体育重归政府管理的过程及缘由探析［J］. 成都体育学院学报，2008，34（3）：8－11.

［105］门阑，邱静. 关于广东省体育后备人才培养现状与对策的理论思考［J］. 北京体育大学学报，2007，30（5）：715－717.

［106］孟凡花，程传银，尤传豹，等. 新中国体育运动学校发展研究［J］. 体育文化导刊，2010（11）：10－13.

［107］孟莲芬. 民主德国体育运动腾飞的两条战略措施［J］. 上海体育学院学报，1990，14（1）：55－57.

［108］闵健，王民康. 韩国高等院校体育专业的办学现状与启示［J］. 成都体育学院学报，2003，29（4）：70－73.

[109] 潘迎旭. 普通高等学校排球项目高水平运动队建设与评价研究 [J]. 运动, 2013 (75): 40 -42.

[110] 秋鸣, 冯少兵, 段娟娟, 等. 竞技体育后备人才培养模式的 SWOT 分析 [J]. 沈阳体育学院学报, 2010, 29 (1): 44 -47.

[111] 邵斌, 游松辉, 刘卫军, 等. 我国高等院校招收优秀运动员现状的调查 [J]. 体育学刊, 2007, 14 (1): 115 -117.

[112] 邵桂华, 满江虹. 基于系统动力学的我国竞技体育可持续发展的能力研究 [J]. 体育科学, 2010, 30 (1): 36 -43, 69.

[113] 沈林, 庞辉, 何恩鹏. 新疆院校高水平运动队调查研究 [J]. 体育文化导刊, 2009 (6): 101 -103.

[114] 石刚强, 雷辉旭, 葛幸幸, 等. 高校高水平运动队学籍管理的实践与研究 [J]. 体育科研, 2005, 26 (5): 89 -90.

[115] 史广文. 体育运动系统控制的初步探讨 [J]. 太原工学院学报, 1982 (1): 26 -59.

[116] 史为临, 毛丽娟. 体育发达国家学校竞技体育管理模式的比较研究 [J]. 北京体育大学学报, 2009, 32 (10): 26 -30.

[117] 唐俊, 吕卫东. 实施优秀运动员保障的必要性及可持续发展的构想 [J]. 南京体育学院学报, 2010, 9 (3): 144 -146.

[118] 田英莲, 钟泽. 我国竞技体育评价体系的构建 [J]. 山东体育学院学报, 2009, 25 (4): 5 -7.

[119] 田雨普. 60 年新中国体育发展回顾与展望 [J]. 体育文化导刊, 2009 (9): 10 -14.

[120] 王炳华, 刘志云, 王伟明, 等. 我国体育院校竞技体校发展研究 [J]. 体育文化导刊, 2008 (11): 99 -113.

[121] 王广虎, 吴小勇, 杨飞. “希腊神话” 与 “希腊悲剧”——第十五届世界男篮锦标赛的文化反思 [J]. 成都体育学院学报, 2006, 32 (6): 68 -72.

[122] 王景荣, 徐英. 陕西科技资源统筹工程绩效评价研究 [J]. 科技进步与对策, 2013, 30 (16): 118 -124.

[123] 王丽萍, 潘前. 美、澳、中三国运动奖学金管理现状分析 [J]. 上海体育学院学报, 2011, 35 (4): 81 -84.

[124] 王舜霞. 高水平运动员心理疲劳研究 [J]. 体育文化导刊, 2009 (4): 45 -48.

[125] 王伟忠. 大型体育赛事对场馆的综合效应分析 [J]. 南京体育学院学报（自然科学版），2009，8（4）：144－145.

[126] 王卫东. 用系统论观点试析运动员的成长过程 [J]. 体育科学，1984（4）：45－50.

[127] 王文秀，赵云娟. 上海优秀运动员选材与成才率浅析 [J]. 武汉体育学院学报，2010，44（11）：75－80.

[128] 王晓亮，郭拥莉. 基于 EVA 的商业银行绩效评价研究 [J]. 晋中学院学报，2013，30（4）：30－34.

[129] 王莹. 我国高等院校体育学本科专业结构调整研究 [J]. 中国体育科技，2011，47（2）：140－145.

[130] 王永刚，林智潇，陈道刚，等. 基于平衡计分卡的民航监管局安全监管绩效评价模型研究 [J]. 安全与环境工程，2013，20（4）：131－135.

[131] 王永盛，潘耀滨，王超. 美国大学竞技体育发展对我国高校的启示 [J]. 山东体育学院学报，2010，26（1）：80－83.

[132] 王忠信. 试论优秀运动员的系统设计 [J]. 湖北体育科技，1982（4）：68－73.

[133] 魏建. 河南省高校高水平运动队招生问题探讨 [J]. 天中学刊，2007，22（5）：107－108.

[134] 闻兰，李志刚. 普通高校高水平运动队建设的困惑与思考 [J]. 上海体育学院学报，2010，34（6）：81－83，87.

[135] 吴俊芳，刘泉水，李绍成，等. 高校竞技体育绩效评价标准的构建 [J]. 甘肃科技纵横，2012，41（6）：138－140.

[136] 徐本力. 对我国科学训练整体结构模式的探讨 [J]. 体育科学，1985（2）：34－45.

[137] 徐卫华，何青. 安徽省高校高水平运动队发展现状的调查研究 [J]. 安庆师范学院学报，2013，19（4）：95－100.

[138] 杨桦. 建设体育强国与世界一流体育大学的发展战略 [J]. 北京体育大学学报，2010，33（1）：1－3.

[139] 杨峻，于兴波. 普通高校高水平运动队管理模式研究 [J]. 体育研究与教育，2012，27（5）：91－94，103.

[140] 杨要武. 民主德国体育奇迹的缔造者 [J]. 中国体育科技，1990（2）：12－15.

[141] 杨占武. 完善奖励政策，保证运动队可持续发展 [J]. 沈阳体育学院学报，2009，28 (6)：8 - 10.

[142] 于可红，张洁. 高校高水平运动队绩效评价指标体系研究 [J]. 北京体育大学学报，2012，35 (1)：74 - 79.

[143] 虞重干，刘志民，丁海勇，等. 竞技体育可持续发展的评价指标及其人力资源研究 [J]. 西安体育学院学报，2011，18 (1)：5 - 19.

[144] 郁庆定，吴昕. 中美普通高校培养高水平运动员的比较 [J]. 中国学校体育，1998 (5)：72 - 73.

[145] 翟丰，张艳平. 江苏省普通高校体教结合模式研究 [J]. 山东体育学院学报，2010，26 (1)：84 - 87，92.

[146] 詹建国. 俄罗斯竞技体育发展现状及运动训练的经验与启示 [J]. 北京体育大学学报，2004，27 (6)：840 - 842.

[147] 张彬彬，梁建平. 我国优秀运动员长效激励机制的建立 [J]. 体育学刊，2009，16 (12)：36 - 39.

[148] 张春合，陈中林，吴金元，等. 我国体育院校培养竞技运动员面临的机遇 [J]. 体育科学研究，2009，13 (1)：22 - 25.

[149] 张建廷，张桃臣. 对河北省竞技体育后备人才培养现状的调查 [J]. 河北体育学院学报，2008，22 (6)：47 - 49.

[150] 张建新，孙麒麟，毛丽娟. 美德澳高校竞技体育人才培养及其启示 [J]. 体育文化导刊，2009 (8)：95 - 98，105.

[151] 张洁. 绩效评价方法在体育领域中的应用 [J]. 浙江体育科学，2009，31 (6)：12 - 13，54.

[152] 张时. 民主德国的竞技体育运动 [J]. 上海体育学院学报，1989 (1)：38 - 40.

[153] 周工. 对体育运动系统工程特点和方法的初探 [J]. 湖北体育科技，1985 (4)：5 - 8.

[154] 周洪珍，周进国. 竞技体育人才培养投入与产出效益研究 [J]. 中国体育科技，2010，46 (1)：65 - 70.

[155] 周建梅，张志华，卫晓飞，等. 我国普通高校网球项目高水平运动队评估指标体系研究 [J]. 北京体育大学学报，2013，36 (2)：105 - 109.

[156] 周建梅. 北京普通高校竞技体育发展研究 [J]. 山西体育

科技，2009，29（2）：62－65.

［157］朱桂林．我国高校竞技体育竞赛体系组织结构的现状及发展对策研究［J］．西安体育学院学报，2009，26（2）：232－237.

［158］贺峰．基于层次分析法对高校体育教师绩效评价指标权重的研究［J］．安徽体育科学，2010，31（1）：81－83.

［159］于振峰，刘峰，史衍．绩效评估视角下我国普通高校篮球高水平运动队评估指标体系的构建研究［J］．西安体育学院学报，2013，30（5）：621－627.

［160］姚建军，陆颖，尹天安，田春宽．北京市普通高校高水平运动队综合评价指标体系研究［J］．北京体育大学学报，2007，30（3）：380－382.

［161］周文军．普通高校高水平运动队发展性评价指标研究［J］．北京体育大学学报，2011，34（6）：141－144.

［162］尤信招．高校高水平运动队质量评价体系的构建［J］．荆楚理工学院学报，2009，24（9）：89－91.

［163］詹永兴．我国普通高校高水平运动队管理研究综述［J］．唐山师范学院学报，2008，30（5）：91－93.

［164］胡洋，尹少丰，张伟．普通高校体育工作绩效评价指标体系的构建与应用［J］．山西师大体育学院学报，2009，18（1）：5－19.

［165］黄世光，王守力．我国高水平运动队发展的障碍与对策［J］．天津体育学院学报，2012，19（4）：89－91.

［166］潘志琛，郭荣，于洪臣，等．对英、法、德、澳四国竞技体育管理体制的考察与调研［J］．中国体育科技，2004，40（6）：1－4，21.

［167］苏连勇，赖勤，张立．奥运会后的思索［J］．天津体育学院学报，1989（1）：21－26.

［168］徐持忍．上海市高校试办高水平运动队的现状及对策研究［J］．上海体育学院学报，2006，30（4）：31－35.

［169］叶杨．俄罗斯奥运备战体制的变化及对我们的启示［J］．体育科学，2005，25（12）：69－71，83.

［170］钟秉枢．法国体院变化的启示［J］．运动，2011（6）：155－156.

附　录

附录 1　2014 年有资格举办高水平运动队的高等学校名单及运动项目

序号	学校名称	项　目
1	北京大学	田径、羽毛球、足球、乒乓球、健美操、篮球、游泳
2	中国人民大学	篮球、田径、排球、足球、网球、武术
3	清华大学	田径、篮球、排球、游泳、射击、健美操、击剑
4	北京交通大学	田径、篮球、排球、羽毛球、跆拳道
5	北京科技大学	田径、篮球、足球、羽毛球、跆拳道
6	中国石油大学（北京）	田径、羽毛球、游泳
7	北京邮电大学	乒乓球、武术
8	华北电力大学	田径、篮球
9	北京化工大学	篮球、网球、健美操
10	中国农业大学	田径、足球、橄榄球
11	北京林业大学	田径
12	北京中医药大学	武术、足球、健美操
13	北京师范大学	田径、篮球、足球、橄榄球、健美操
14	北京外国语大学	游泳
15	对外经济贸易大学	篮球
16	中央财经大学	排球
17	中国政法大学	排球、乒乓球、羽毛球
18	中央民族大学	网球、排球
19	北京理工大学	田径、足球、武术
20	北京航空航天大学	田径、排球、足球、定向越野
21	北京联合大学	足球、健美操

续表

序号	学校名称	项　目
22	北京工业大学	篮球、足球、排球、游泳、羽毛球
23	北方工业大学	棒球、垒球
24	首都师范大学	健美操、定向越野
25	首都经济贸易大学	篮球、游泳
26	北京石油化工学院	田径
27	中国地质大学（北京）	田径、定向越野、攀岩、跆拳道
28	南开大学	田径、排球、棋牌
29	天津大学	田径、篮球、游泳
30	中国民航大学	篮球、柔道
31	天津工业大学	田径、排球、游泳、健美操、龙舟
32	天津科技大学	乒乓球、健美操、龙舟
33	天津理工大学	排球、武术、跆拳道、柔道
34	天津医科大学	游泳、龙舟
35	天津师范大学	田径、足球、龙舟、棋牌
36	天津外国语学院	网球、击剑、龙舟
37	天津财经大学	田径、篮球、定向越野
38	天津商业大学	游泳
39	天津城建学院	足球
40	燕山大学	排球
41	河北工程大学	田径、篮球、健美操
42	河北农业大学	田径、排球
43	河北师范大学	篮球、排球
44	石家庄经济学院	足球、攀岩
45	河北传媒学院	足球、健美操
46	山西大学	田径、篮球、健美操
47	太原理工大学	田径、篮球、足球
48	中北大学	排球、跆拳道
49	山西农业大学	田径
50	山西医科大学	健美操

续表

序号	学校名称	项　目
51	山西师范大学	田径、篮球、健美操
52	山西财经大学	田径、篮球
53	太原师范学院	游泳
54	内蒙古大学	足球
55	内蒙古科技大学	田径、篮球、排球
56	内蒙古工业大学	排球
57	内蒙古农业大学	田径、篮球
58	内蒙古师范大学	田径、足球、摔跤、柔道
59	呼伦贝尔学院	冰雪
60	大连理工大学	田径、篮球
61	东北大学	田径、篮球、羽毛球、冰雪
62	辽宁大学	篮球
63	大连大学	田径、游泳
64	沈阳理工大学	足球
65	沈阳工业大学	足球
66	沈阳建筑大学	游泳、网球
67	沈阳师范大学	乒乓球、武术
68	辽宁石油化工大学	羽毛球、击剑
69	大连交通大学	乒乓球
70	沈阳化工大学	排球、网球
71	辽宁师范大学	田径
72	东北财经大学	田径、篮球、足球
73	大连艺术学院	田径、健美操
74	吉林大学	田径、篮球、排球、足球、乒乓球
75	东北师范大学	田径、篮球
76	延边大学	足球、跆拳道
77	北华大学	龙舟、冰雪
78	吉林农业大学	篮球、跆拳道、定向越野
79	东北电力大学	龙舟、冰雪

续表

序号	学校名称	项　目
80	吉林化工学院	足球
81	长春工程学院	篮球
82	长春师范学院	排球、足球、冰雪
83	东北林业大学	田径、篮球、游泳、武术、冰雪
84	哈尔滨工业大学	田径、游泳、乒乓球、冰雪、篮球
85	哈尔滨工程大学	田径、篮球、排球、乒乓球、冰雪
86	黑龙江大学	田径、乒乓球、射击
87	齐齐哈尔大学	田径、冰雪
88	哈尔滨理工大学	游泳、乒乓球、健美操、冰雪
89	东北石油大学	田径
90	东北农业大学	田径
91	哈尔滨师范大学	田径、武术、健美操、冰雪
92	哈尔滨商业大学	田径、游泳、网球
93	复旦大学	田径、排球、游泳、武术、射击、棋牌
94	同济大学	田径、足球、游泳、羽毛球、手球、健美操
95	上海交通大学	田径、篮球、游泳、乒乓球、网球、健美操、赛艇
96	华东理工大学	田径、篮球、乒乓球、网球、武术、射击
97	东华大学	田径、足球、手球、射击
98	华东师范大学	田径、篮球、排球
99	上海外国语大学	棒球、棋牌
100	上海财经大学	游泳、网球、棋牌
101	上海大学	田径、排球、网球、武术
102	上海理工大学	田径、足球
103	上海海事大学	游泳、武术、龙舟
104	上海工程技术大学	足球、篮球
105	上海海洋大学	田径
106	上海中医药大学	排球、武术
107	华东政法大学	棒球、垒球

续表

序号	学校名称	项　目
108	上海金融学院	击剑
109	上海电力学院	手球、击剑
110	南京大学	田径、篮球、排球、足球
111	东南大学	田径、排球、游泳、乒乓球、射击、定向越野
112	中国矿业大学	田径、篮球、游泳、网球、定向越野
113	河海大学	足球、健美操、乒乓球
114	江南大学	棒球、足球
115	南京农业大学	排球、网球、武术
116	中国药科大学	排球、健美操
117	南京理工大学	田径、篮球
118	南京航空航天大学	田径、篮球、足球、乒乓球
119	苏州大学	田径、游泳、篮球
120	扬州大学	田径、武术、乒乓球
121	江苏大学	排球、足球
122	南京邮电大学	篮球、足球
123	南京工业大学	田径、棒球、篮球、垒球
124	南京师范大学	田径、网球
125	徐州师范大学	田径、足球
126	南京财经大学	田径、篮球、羽毛球
127	南通大学	田径、击剑
128	南京信息工程大学	排球、乒乓球、跆拳道
129	苏州科技学院	羽毛球
130	浙江大学	田径、排球、篮球、网球
131	宁波大学	篮球、乒乓球、足球
132	浙江工业大学	田径、定向越野
133	浙江理工大学	田径、篮球
134	浙江中医药大学	武术
135	浙江师范大学	田径、篮球
136	浙江工商大学	篮球、游泳

续表

序号	学校名称	项 目
137	浙江财经学院	游泳、乒乓球
138	合肥工业大学	篮球、手球
139	中国科学技术大学	羽毛球
140	安徽工业大学	田径、篮球
141	安徽工程大学	武术
142	安徽师范大学	田径、武术
143	安徽建筑工业学院	乒乓球、击剑
144	合肥学院	击剑
145	厦门大学	田径、武术、健美操、篮球、棒球
146	华侨大学	田径、游泳、羽毛球、篮球、足球
147	集美大学	田径、游泳、武术
148	福州大学	游泳、篮球
149	福建师范大学	田径、篮球、游泳、排球
150	厦门理工学院	篮球、健美操
151	南昌大学	田径、篮球、排球、足球、赛艇
152	华东交通大学	田径、篮球、网球、武术
153	南昌航空大学	羽毛球
154	江西师范大学	田径、足球、健美操、跆拳道
155	江西财经大学	网球
156	井冈山大学	篮球
157	江西科技师范学院	健美操
158	赣南师范学院	田径
159	山东大学	田径、篮球、排球、足球、游泳、乒乓球、定向越野
160	中国海洋大学	田径、排球
161	青岛大学	田径、足球、健美操
162	山东科技大学	篮球
163	山东理工大学	田径、篮球
164	聊城大学	赛艇、龙舟

续表

序号	学校名称	项　目
165	青岛科技大学	足球
166	济南大学	足球、摔跤
167	山东农业大学	田径、篮球、跆拳道
168	山东中医药大学	田径、武术
169	山东师范大学	田径、排球、乒乓球、健美操
170	鲁东大学	田径、篮球
171	德州学院	射击
172	山东财政学院	排球
173	山东工商学院	田径
174	中国石油大学（华东）	田径、篮球、排球、乒乓球
175	郑州大学	田径、篮球、乒乓球、网球
176	河南大学	田径、篮球、武术
177	河南理工大学	篮球、武术、乒乓球
178	河南师范大学	排球
179	河南财经政法大学	田径、武术、健美操
180	武汉大学	田径、排球、乒乓球、羽毛球
181	中南财经政法大学	田径、篮球、足球、乒乓球
182	华中科技大学	田径、篮球、乒乓球、网球、武术
183	武汉理工大学	田径、篮球、网球、武术、跆拳道
184	中国地质大学（武汉）	田径、游泳、羽毛球、篮球、攀岩
185	华中农业大学	羽毛球、田径
186	华中师范大学	田径、羽毛球、健美操
187	湖北中医药大学	武术
188	湖北大学	田径、足球、武术、乒乓球
189	三峡大学	武术、足球
190	武汉科技大学	田径、篮球
191	湖北工业大学	篮球、乒乓球
192	武汉工程大学	健美操

续表

序号	学校名称	项　目
193	武汉工业学院	篮球
194	湖北经济学院	田径、排球
195	中南大学	田径、篮球、排球、射击、定向越野
196	湖南大学	田径、篮球、定向越野
197	湘潭大学	田径、篮球、羽毛球
198	长沙理工大学	田径、足球
199	南华大学	排球
200	湖南工业大学	田径、篮球
201	湖南农业大学	足球
202	湖南师范大学	田径、篮球、排球、乒乓球
203	湘南学院	篮球、定向越野
204	湖南人文科技学院	足球、定向越野
205	中南林业科技大学	田径、排球
206	国防科学技术大学	田径、篮球、足球
207	中山大学	田径、排球、游泳、击剑
208	华南理工大学	田径、乒乓球、篮球、排球、足球
209	暨南大学	田径、游泳、羽毛球、网球、武术
210	深圳大学	乒乓球、定向越野
211	广东工业大学	篮球、足球、乒乓球
212	华南农业大学	羽毛球
213	华南师范大学	田径、游泳、乒乓球、羽毛球、武术
214	广州大学	篮球
215	韩山师范学院	定向越野
216	广东商学院	田径、游泳
217	汕头大学	篮球
218	广西大学	篮球、游泳、乒乓球、羽毛球、健美操
219	桂林电子科技大学	网球
220	广西师范大学	田径、篮球、足球
221	广西民族大学	足球、龙舟

续表

序号	学校名称	项　目
222	广西中医学院	羽毛球、武术
223	广西师范学院	田径、篮球
224	海南大学	田径、篮球、排球、足球
225	海南师范大学	田径、篮球、排球、足球
226	琼州学院	排球
227	重庆大学	田径、篮球、网球、足球
228	西南大学	足球、游泳、网球
229	重庆邮电大学	乒乓球
230	重庆师范大学	田径、篮球
231	重庆工商大学	排球
232	西南政法大学	田径、排球
233	重庆科技学院	足球
234	重庆文理学院	篮球
235	四川大学	田径、排球、足球、游泳、网球
236	西南交通大学	田径、篮球、排球、健美操
237	电子科技大学	田径、篮球、足球、游泳、网球
238	西南财经大学	篮球、足球、网球、健美操
239	四川师范大学	篮球、定向越野
240	西华大学	健美操、跆拳道、乒乓球
241	成都中医药大学	武术
242	西华师范大学	射击
243	西南石油大学	网球
244	成都学院	武术
245	贵州大学	田径、篮球、乒乓球、定向越野
246	贵州师范大学	排球
247	云南大学	田径
248	昆明理工大学	排球、足球
249	云南师范大学	田径、网球
250	云南财经大学	篮球、网球

续表

序号	学校名称	项　目
251	西安交通大学	田径、游泳、篮球、乒乓球、足球
252	长安大学	田径、足球、乒乓球、健美操
253	西安电子科技大学	游泳、健美操
254	西北农林科技大学	网球
255	陕西师范大学	田径、足球
256	西北工业大学	田径、篮球、排球、乒乓球 羽毛球
257	西安理工大学	田径、游泳
258	西安建筑科技大学	田径、足球、网球、健美操
259	西安工业大学	篮球
260	西安邮电学院	田径
261	西安财经学院	足球
262	兰州大学	田径、排球、武术
263	西北民族大学	田径、足球、武术
264	兰州交通大学	田径、乒乓球
265	甘肃政法大学	足球
266	西北师范大学	田径、足球、健美操
267	青海师范大学	田径、篮球
268	青海民族大学	篮球
269	北方民族大学	武术
270	宁夏大学	田径、篮球、足球
271	新疆大学	田径、篮球、足球
272	石河子大学	跆拳道
273	新疆农业大学	排球
274	新疆师范大学	田径、足球、乒乓球、健美操
275	新疆财经大学	田径、篮球

附录2 《我国普通高校高水平运动队绩效评价指标体系构建》（专家问卷）

尊敬的专家：

您好！我们正在进行一项关于“我国普通高校高水平运动队绩效评价”的研究。希望通过本次调查能得到您对我国普通高校高水平运动队建设系统一级、二级指标重要性的认识。请您就下表中三级指标的重要性进行赋值，表中“1－极不重要；2－不重要；3－一般；4－重要；5－很重要”。另外，请您根据自己的认识，在每一级指标下增加您认为重要的指标。

非常感谢您的帮助！

一级指标层	二级指标层	三级指标层	指标赋值				
			极不重要	不重要	一般	重要	很重要
B_1 培养具有较高文化素质的优秀运动员人才绩效	C_1 运动员子系统	D_1 来源途径	1	2	3	4	5
		D_2 训练动机	1	2	3	4	5
		D_3 技术级别	1	2	3	4	5
		D_4 知识结构	1	2	3	4	5
		D_5 意志品质	1	2	3	4	5
		D_6 道德素质	1	2	3	4	5
		D_7 培养潜力	1	2	3	4	5
	C_2 教练员子系统	D_8 来源渠道	1	2	3	4	5
		D_9 执训能力	1	2	3	4	5
		D_{10} 理论知识	1	2	3	4	5
		D_{11} 技术水平	1	2	3	4	5
		D_{12} 专兼职化	1	2	3	4	5
		D_{13} 科研能力	1	2	3	4	5
		D_{14} 管理能力	1	2	3	4	5
		D_{15} 人格魅力	1	2	3	4	5
		D_{16} 带队经验	1	2	3	4	5
		D_{17} 工作态度	1	2	3	4	5
		D_{18} 培训提高	1	2	3	4	5

续表

一级指标层	二级指标层	三级指标层	指标赋值				
			极不重要	不重要	一般	重要	很重要
B_1 培养具有较高文化素质的优秀运动员人才绩效	C_3 管理子系统	D_{19}招收管理	1	2	3	4	5
		D_{20}学籍管理	1	2	3	4	5
		D_{21}日常管理	1	2	3	4	5
		D_{22}奖惩管理	1	2	3	4	5
		D_{23}竞赛管理	1	2	3	4	5
		D_{24}校际交流	1	2	3	4	5
		D_{25}教练管理	1	2	3	4	5
		D_{26}管理能力	1	2	3	4	5
		D_{27}合作能力	1	2	3	4	5
		D_{28}建设规划	1	2	3	4	5
	C_4 物质条件子系统	D_{29}场馆建设	1	2	3	4	5
		D_{30}器材条件	1	2	3	4	5
		D_{31}经费补助	1	2	3	4	5
		D_{32}服装装备	1	2	3	4	5
		D_{33}食宿条件	1	2	3	4	5
		D_{34}医疗监督	1	2	3	4	5
	C_5 教学与训练效果	D_{35}教学效果	1	2	3	4	5
		D_{36}训练效果	1	2	3	4	5
		D_{37}比赛成绩	1	2	3	4	5
B_2 解决退役运动员就业问题	C_6 继续深造就业	D_{38}攻读专业	1	2	3	4	5
		D_{39}学训矛盾	1	2	3	4	5
		D_{40}就业方向	1	2	3	4	5
		D_{41}就业率	1	2	3	4	5
		D_{42}就业意向	1	2	3	4	5

附录3 《我国普通高校高水平运动队绩效评价研究》（运动员问卷）

亲爱的高水平运动员朋友：

您好！我们正在进行一项关于“我国普通高校高水平运动队绩效评价”的研究。为了解我国普通高校高水平运动队建设的现状，我们选择贵校高水平运动队作为调查对象。希望通过本次调查获得您对贵校高水平运动队建设的认识。您的信息对本研究乃至我国高水平运动队的未来发展具有很重要的作用。所以非常希望您能认真填写。

非常感谢您的支持与合作！

一、您的基本情况

1. 您的性别：①男；②女　　2. 您的年龄：________

3. 训练项目：________　　4. 运动级别：________

5. 所属年级：________　　6. 就读专业：________

7. 您的姓名：________（自愿）　　8. 所在学校：________

二、课题研究调查内容（说明：所有题目只是现状信息调查，选择无对错之分。请您在符合实际情况的选项上打“√”）

1. 您进入高水平运动队之前的身份是

①高中毕业生　②高职毕业生　③体校运动员

④省队运动员退役　⑤国家队运动员退役　⑥其他

2. 您进入高水平运动队的主要目的是

①提高运动技术水平，将来进入更高好运动训练队

②发挥个人特长，较为容易跨入大学校门实现自己的大学梦想

③提高理论知识层次，为将来作为一名教练员而准备

④提升学历层次，为将来就业储备资本和能量

⑤自己没有过多考虑，听从父母的安排

⑥其他原因

3. 参加高水平运动队训练以来，您的愿望实现程度是

①很好的实现　②基本实现　③没有实现　④远没有实现

4. 您对执训运动队的教练员满意度为

①很满意　②满意　③一般　④不满意　⑤极不满意

如果您对教练员的表现认为不满意，那么主要原因是

①训练课执训能力不够　②技术环节理论知识讲解不明确

③技术动作示范不够标准　　　④训练队组织管理能力较弱

⑤对训练工作不够积极、认真　⑥其他

5. 您所在高校的高水平运动队训练场地、器材等训练条件为

①非常优越　　②优越　　③一般　　④较差　　⑤极差

6. 您对学校管理高水平运动队办法的评价是

①很满意　　②满意　　③一般　　④不满意　　⑤极不满意

7. 您觉得运动训练影响您的文化课学习吗

①影响很大　　②影响　　③一般　　④不影响

⑤不影响，反而相互促进

8. 您认为，影响您运动成绩的主要因素为

①个人自身身体机能　②教练员执训能力

③训练条件制约　　　④管理较为混乱

⑤缺乏参赛机会，训练和比赛没有很好结合　　⑥其他

9. 四年的大学生活结束后，您的就业意向是

①去别的专业队参加训练比赛　②从事体育教师或教练员

③从事体育类工作　　　　　　④听从父母的安排

⑤暂时没有设想　　　　　　　⑥其他

10. 如果对我国普通高校高水平运动队建设的现状进行改进，您认为主要从哪些方面进行？

____

____

____

____

____

____。

附录4 《我国普通高校高水平运动队绩效评价研究》(教练员问卷)

尊敬的教练员：

您好！我们正在进行一项关于“我国普通高校高水平运动队绩效评价”的研究。为了解我国普通高校高水平运动队建设的现状，我们选择贵校高水平运动队作为调查对象。希望通过本次调查获得您对贵校高水平运动队建设的认识。您的信息对本研究乃至我国高水平运动队的未来发展具有很重要的作用。所以非常希望您能认真填写。

非常感谢您的支持与合作！

一、您的基本情况

1. 您的性别：①男；②女　　2. 您的年龄：________

3. 您的学历：________　　4. 您的职称：________

5. 教练级别：________　　6. 运动级别：________

7. 您的姓名：________（自愿）　　8. 所在学校：________

二、课题研究调查内容（说明：所有题目只是现状信息调查，选择无对错之分。请您在符合实际情况的选项上打“√”）

1. 您担任教练员前来自

①国家队运动员退役　　②省队运动员退役　　③专职教练员

④高校体育教师　　⑤其他

2. 您带训练队的经历

①2 年以下　　②3～5 年　　③5～8 年

④8～10 年　　⑤10～12 年　　⑥12 年以上

3. 近 5 年，您参加国内教练员培训学习的次数为

①没有　　②1 次　　③2 次　　④3 次　　⑤3 次以上

4. 目前，普通高校高水平运动队教练员为体育教师兼职教练员居多，您是

①专职教练员　　②体育教师兼训练　　③教练员兼教学

④行政人员兼训练　　⑤教练员兼行政工作　　⑥其他

5. 您所带高水平运动队每周训练时间为

①5 h 以下　　②5～10 h　　③10～15 h　　④15～20 h　　⑤20 h 以上

6. 您对所带高水平运动员的运动成绩满意度为

①很满意　　②满意　　③一般　　④不满意　　⑤极不满意

7. 您对学校训练场馆等基础条件设施的满意度为

①很满意　②满意　③一般　④不满意　⑤极不满意

8. 您对学校对于高水平运动队管理政策的满意度为

①很满意　②满意　③一般　④不满意　⑤极不满意

9. 您认为影响我国普通高校高水平运动员成才率的主要因素是

①招收要求层次较低，造成运动员个人基础条件太差

②教练员执训水平较低　③物质条件保障不够

④学校政策不够支持　⑤学校高水平运动队管理不当

⑥国家竞赛体制不够合理　⑦国家疏于监管测评，导致放任自流

⑧其他

10. 您所带往届高水平运动员毕业后的就业意向是

①进入国家队或省队参加训练比赛　②体育教师或教练员

③从事与体育有关的其他工作　④从事与体育无关的工作

11. 您对高水平运动员毕业就业率的满意度为

①很满意　②满意　③一般　④不满意　⑤极不满意

12. 自 1987 年我国普通高等院校试办高水平运动队以来，已整整走过了三十多个春秋。但是，高水平运动队所培养的运动员在国际竞技体坛能够获得奖牌的人数屈指可数，可见高水平运动员的成才率在很长一段时间内未能得到提高，这样的发展速度和建设水平与国家竞技体育“院校化”目标相差甚远。为此，对我国普通高校高水平运动队建设优化与控制势在必行，您认为应该从哪些方面进行完善？

____

____

____

____

____

______________________________。

附录5 《我国普通高校高水平运动队绩效评价研究》（管理人员问卷）

尊敬的管理人员：

您好！我们正在进行一项关于“我国普通高校高水平运动队绩效评价”的研究。为了解我国普通高校高水平运动队建设的现状，我们选择贵校高水平运动队作为调查对象。希望通过本次调查获得您对贵校高水平运动队建设的认识。您的信息对本研究乃至我国高水平运动队的未来发展具有很重要的作用。所以非常希望您能认真填写。

非常感谢您的支持与合作！

一、您的基本情况

1. 您的性别：①男；②女　　2. 您的年龄：________

3. 您的学历：________　　4. 您的职称：________

5. 所学专业：________　　6. 运动级别：________

7. 您的姓名：________（自愿）8. 所在学校：________（自愿）

二、课题相关内容调查（请您在符合实际情况的选项上打“√”）

1. 符合贵校高水平运动员招收的项目技术级别为

①国家运动员三级及以上　　②国家运动员二级

③国家运动员二级以上　　④国家运动员一级

⑤国家运动员一级以上　　⑥国际健将级水平

2. 贵校高水平运动员的来源主要是

①国家队运动员退役　　②省队运动员退役

③体育运动学校毕业　　④体育高等院校体育教育系毕业

⑤体育高等院校运动训练系毕业　⑥其他非体育专业转入

3. 您对所在招收高水平运动员的院校规章制度方面的满意度为

①很满意　②满意　③一般　④不满意　⑤极不满意

4. 贵校对于在重大比赛中获得优异竞赛成绩的运动员，通常的做法是

①奖金鼓励　②荣誉给予　③学分奖励

④提前毕业　⑤普通奖学金评定时，相应地加德育分数　⑥其他

5. 您认为制约贵校高水平员绩效提高的主要因素是

①运动员来源水平较低，渠道单一

②教练员执训能力不够，层次较低

③运动队管理制度建设不够健全，不能调动运动员和教练员训练的积极性

④训练场馆、器材等基础训练条件太差，不能满足正常训练

⑤经费保障不够，不能维持正常训练费用开支

⑥学校领导不够重视，缺乏发展方向与动力

⑦其他

6. 贵校对运动员住宿情况和训练情况的管理方式是

①学校集中统一住宿　　②学校分散住宿，教练管理

③运动员自便住宿　　④运动员个人训练，教练验收成绩

7. 您对贵校高水平运动队的竞技能力的满意度为

①很满意　②满意　③一般　④不满意　⑤极不满意

8. 您对高水平运动员进校后自主选读专业是否赞同

①很赞同　②赞同　③一般　④不赞同　⑤极不赞同

9. 对于优秀运动员的培养、成才需要一个良好的团队建设，校际间、多学科、多部门间进行沟通合作显得很重要。您认为贵校在这方面做得

①很满意　②满意　③一般　④不满意　⑤极不满意

10. 您对高水平运动员毕业就业率的满意度为

①很满意　②满意　③一般　④不满意　⑤极不满意

11. 如果对贵校高水平运动员当前的培养绩效进行改进，您认为主要从哪些方面进行？

____

____

____

____

____

____。

附录6 《我国普通高校高水平运动队绩效评价研究》（专家问卷）

尊敬的专家：

您好！我们正在进行一项关于“我国普通高校高水平运动队绩效评价”的研究，其目的是为我国竞技体育“院校化”模式下的高校高水平运动队发展提供有效的建议。为此，希望通过本次调查得到您对当前我国普通高校高水平运动队建设相关指标现状的客观评价。请您对下表中三级指标的建设现状进行赋值，判断标准为：优秀（90～100分）、良好（80～90分）、中等（60～80分）、差等（60分以下）、很差（40分以下）。

非常感谢您的支持与合作！

一级指标层	二级指标层	三级指标层	指标赋值				
B_1 培养具有较高文化素质的优秀运动员人才绩效	C_1 运动员子系统	D_1 来源途径	优	良	中	差	很差
		D_2 训练动机	优	良	中	差	很差
		D_7 培养潜力	优	良	中	差	很差
	C_2 教练员子系统	D_8 来源渠道	优	良	中	差	很差
		D_9 执训能力	优	良	中	差	很差
		D_{18} 培训提高	优	良	中	差	很差
	C_3 管理子系统	D_{19} 招收管理	优	良	中	差	很差
		D_{23} 竞赛管理	优	良	中	差	很差
		D_{28} 建设规划	优	良	中	差	很差
	C_4 物质条件子系统	D_{29} 场馆建设	优	良	中	差	很差
		D_{31} 经费补助	优	良	中	差	很差
		D_{34} 医疗监督	优	良	中	差	很差
	C_5 教学与训练效果	D_{35} 教学效果	优	良	中	差	很差
		D_{36} 训练效果	优	良	中	差	很差
		D_{37} 比赛成绩	优	良	中	差	很差

续表

一级指标层	二级指标层	三级指标层	指标赋值				
B_2 解决退役运动员就业问题	C_6 继续深造	D_{38}攻读专业	优	良	中	差	很差
		D_{42}学训矛盾	优	良	中	差	很差
	C_7 退役就业	D_{40}就业方向	优	良	中	差	很差
		D_{41}就业率	优	良	中	差	很差

（其中：就业方向，指就职工作性质与体育类工作的相关程度。相关程度高，则为优；反之，则为差。）